Heba El-Ali

Welchen Einfluss hat das Geschlecht auf das Machtverhältnis zwischen Führungskraft und Mitarbeiter?

Bibliografische Information der Deutschen Nationalbibliothek:

Die Deutsche Nationalbibliothek verzeichnet diese Publikation in der Deutschen Nationalbibliografie; detaillierte bibliografische Daten sind im Internet über http://dnb.d-nb.de abrufbar.

Impressum:

Copyright © Science Factory 2021

Ein Imprint der GRIN Publishing GmbH, München

Druck und Bindung: Books on Demand GmbH, Norderstedt, Germany

Covergestaltung: GRIN Publishing GmbH

Inhaltsverzeichnis

Abbildungsverzeichnis IV

1 Einleitung 1

2 Gender 4
2.1 Gender im biologischen Sinne 4
2.2 Kulturelles Gender 6
2.3 Historische Entwicklung der Frauenbewegung 7
2.4 Stereotype 9
2.5 Gender Pay Gap 14

3 Führung 18
3.1 Anforderung an die Führungsperson 18
3.2 Führungsstil 19
3.3 Frauenquote 23
3.4 Mythen um die Frau als Führungsperson 25
3.5 Geschlechterspezifische Führungsstile 28

4 Machtverhältnis zwischen Führungspersonen und Mitarbeiter/innen 31
4.1 Machtverhältnis innerhalb Organisationsstrukturen 31
4.2 Spiral Dynamics in Organisationen 33
4.3 Psychologischer Begriff der Motivation 37
4.4 Neurobiologisches Motivationssystem 38

5 Empirische Forschung 41

6 Fazit und Handlungsempfehlung 54

Literaturverzeichnis 58

Abbildungsverzeichnis

Abbildung 1: Ferrero Kampagne 12

Abbildung 2: Almudler Kampagne 13

Abbildung 3: Wertesysteme Spiral Dynamics 34

Abbildung 4: Ergebnis Frage 2 Screenshot Umfrage-Online 42

Abbildung 5: Ergebnis Frage 4 Screenshot Umfrage-Online 42

Abbildung 6: Ergebnis Frage 5 Screenshot Umfrage-Online 43

Abbildung 7: Ergebnis Frage Screenshot Umfrage-Online 44

Abbildung 8: Ergebnis Frage 8 Screenshot Umfrage-Online 44

Abbildung 9: Ergebnis Frage 9 Screenshot Online-Umfrage 45

Abbildung 10: Ergebnis Frage 10 Screenshot Umfrage-Online 45

Abbildung 11: Ergebnis Frage 13 Screenshot Umfrage-Online 46

Abbildung 12: Ergebnis Frage 14 Screenshot Umfrage-Online 46

Abbildung 13: Ergebnis Frage 16 Screenshot Umfrage-Online 47

Abbildung 14: Ergebnis Frage 17 Screenshot Umfrage-Online 47

Abbildung 15: Ergebnis Frage 18 Screenshot Umfrage-Online 48

Abbildung 16: Ergebnis Frage 19 Screenshot Umfrage-Online 48

Abbildung 17: Ergebnis Frage 20 Screenshot Umfrage-Online 49

Abbildung 18: Ergebnis Frage 21 Screenshot Umfrage-Online 49

Abbildung 19: Ergebnis Frage 22 Screenshot Umfrage-Online 50

Abbildung 20: Ergebnis Frage 24 Screenshot Umfrage-Online 51

Abbildung 21: Ergebnis Frage 25 Screenshot Umfrage-Online 51

Abbildung 22: Ergebnis Frage 26 Screenshot Umfrage-Online 52

Abbildung 23: Ergebnis Frage 27 Screenshot Umfrage-Online 52

1 Einleitung

Deutschland gilt heutzutage als eines der weit entwickelten Länder weltweit. So haben beispielsweise Frauen das Recht zu wählen, sich in der Politik zu engagieren, sich zu bilden. Des Weiteren können sie eigene Entscheidungen darüber treffen, welchen Weg sie für sich einschlagen möchten. Trotzdem sind die Frauen in der Position als Führungsperson im Vergleich zu Männern immer noch unterpräsentiert. In den vergangenen Jahren wurde nach mehreren politischen Debatten das Gesetz einer Frauenquote in Kraft gesetzt, das eine Gleichstellung von Männern und Frauen in Führungspositionen einführt. Auswirkungen in der Praxis sind bis heute kaum zu verzeichnen. Studien zufolge verdienen Frauen in Führungspositionen durchschnittlich weniger Geld als Männer. „Der Frauenanteil in Führungspositionen ist 2018 nicht gewachsen. Seit 2016 liegt der Anteil von Frauen an der Spitze privatwirtschaftlicher Betriebe in Deutschland unverändert bei 26 Prozent. Das ist das Ergebnis einer Studie des Instituts für Arbeitsmarkt- und Berufsforschung (IAB)."[1]

Seither werden Menschen bereits als männlich oder weiblich eingestuft, was durch biologische Unterschiede im Körper klassifiziert wird. Es gibt jedoch andere Eigenschaften, z. B. soziale Konstruktionen von Geschlechtern, um eine Unterscheidung in männlich oder weiblich zu ermöglichen.

Die Geschlechtssozialisierung geschieht vom Kindes- bis zum Erwachsenenalter. Obwohl es keine direkte Erklärung dafür gibt, was es heißt, ein Mann oder eine Frau zu sein, werden Frauen den Männern gegenüber nicht gleichbehandelt, weshalb es zu Gender-Diskussionen kommt. Das Ziel dieser ist es, dass Frauen und Männer im Bezug auf das Verdienst, Arbeit und Macht zwischen den Geschlechtern gleichberechtigt behandelt werden. Den Frauen und Männern wurden seit Menschengedenken Verhaltensweisen zugeschrieben, die angenommen und weitergegeben worden sind. Somit sind Verhaltensmerkmale im Bezug auf die Führung und des Machtverhältnisses der Geschlechter entstanden.

---

[1] Vgl. o. V.: Agentur für Arbeit – Frauen auf Führungsebene weiterhin unterrepräsentiert – Kein Zuwachs an weiblichen Führungskräften seit 2016, 02.12.2019 unter: https://www.arbeitsagentur.de/news/news-frauen-in-fuehrungspositionen-studie-2019, Aufruf am 01.010.2020

Im Kapitel 2 wird der Begriff Gender definiert, der sich aus dem Wort Gender im biologischen Sinne und Gender im kulturellen Sinne unterteilt. In diesem Abschnitt wird insbesondere untersucht, ob geschlechtsspezifische Unterschiede sich aus biologischen Unterschieden ergeben oder sozial konstruiert sind.

Weiterhin wird die historische Entwicklung der Frauenbewegung zusammengefasst. Anschließend wird auf die von der Gesellschaft konstruierten Stereotype eingegangen und anhand von Medien bzw. Werbekampagnen deutlich gemacht. Des Weiteren wird die Lohnlücke zwischen den erwerbstätigen Männern und Frauen erläutert und verglichen.

Im Kapitel 3 wird auf den Begriff der Führung eingegangen und welche Anforderungen eine Führungsperson erfüllen sollte. Weiterhin werden unterschiedliche Führungsstile vorgestellt und untersucht, ob es dem Stereotyp nach, geschlechterspezifische Führungsstile gibt, die Eigenschaften und Verhaltensmuster an die stereotypische weibliche oder der stereotypischen männlichen Führungsperson angepasst sind. Hierbei wird untersucht, ob die von der Gesellschaft konstruierten geschlechtsspezifischen Unterschiede in der Führung, Einfluss auf das Machtverhältnis zwischen der Führungsperson und den Arbeitnehmer/innen nehmen. Weiterhin werden von der Gesellschaft konstruierte Ursachen beschrieben, die darlegen sollen, warum sich Frauen immer noch in der Unterrepräsentanz in Führungspositionen befinden. Dabei werden die Mythen um das Thema Frau als Führungsperson und die Frauenquote, die vom Bundesministerium für Familie, Senioren, Frauen und Jugend und dem Bundesministerium der Justiz für Verbraucherschutz in Kraft getreten ist, miteinbezogen.

Im Kapitel 4 wird der Kern der Fragestellung untersucht, nämlich das Machtverhältnis zwischen Führungspersonen und Arbeitnehmer/innen. Dabei wird zunächst der Begriff Macht innerhalb einer Organisation definiert und anschließend werden einige Organisationsstrukturen aus dem Modell des Spiral Dynamics beschrieben, das beschreibt, welche Wertesysteme den Führungsstilen angepasst sind bzw. wie Führungspersonen und Mitarbeiter/innen miteinander agieren und inwiefern Hierarchien entstehen, wodurch das Machtverhältnis klar ist. Des Weiteren wird der Begriff Motivation nach psychologischen Definitionen erklärt und das neurobiologische Motivationssystem des Menschen erläutert. Dieses System wird verwendet, um zu untersuchen, aus welchen Gründen Menschen sich in eine Position bringen, in der sie einer anderen Person die Macht über sich hergeben. Im fünften Abschnitt werden die Resultate einer empirischen Onlineumfrage vorgestellt.

Zunächst wird die Methodik beschrieben und das Ziel der Umfrage zusammengefasst. Im Kapitel 5 wird eine Handlungsempfehlung in Form eines Fazits zu dieser Arbeit wiedergegeben.

In der vorliegenden Arbeit wurden gendergerechte Alternativen verwendet, um Geschlechtsneutral zu bleiben, sodass sich auch andere Geschlechter und Personen, die sich nicht mit einem bestimmten Geschlecht identifizieren miteinzubeziehen. Es wurden entweder immer beide Geschlechter genannt oder über die dritte Person geschrieben. Dies wurde passend zur These verwendet, um deutlich zu machen, dass Frauen und Männer in verschiedenen Dingen die gleiche Fähigkeit aufzeigen.

2 Gender

Der Begriff Gender, der aus dem Englischen übersetzt wurde und in der allgemeinen Sprache für „Geschlecht" sprich weiblich, männlich oder sächlich steht, wird mit verschiedenen Bedeutungen assoziiert.[2] Daher ist es wichtig, zwischen Gender im biologischen und Gender im kulturellen Sinne zu unterscheiden.

2.1 Gender im biologischen Sinne

Gender „sex" bezieht sich auf das biologische Geschlecht bzw. die Unterschiede einer Person als männlich oder weiblich.[3] In der Regel werden der Genotyp und der Phänotyp einer Person verwendet, um das Geschlecht einer Person zu bestimmen. Männer haben ein XY-23-Chromosom, während Frauen ein XX-23-Chromosom haben. Naturgemäß gesehen haben Männer und Frauen unterschiedliche Fortpflanzungsorgane: einen Penis, Hoden und Hodensack für Männer und eine Vagina, einen Uterus und Eierstöcke für Frauen. Andere anatomische Unterschiede bestehen aus der Entwicklung von Brüsten bei Frauen und das Vorhandensein eines Menstruationszyklus. Männer und Frauen werden im Allgemeinen als diskrete Kategorien verstanden, die oft als „unterschiedliche" Geschlechter bezeichnet werden. Tatsächlich ist die Mehrheit der männlichen und weiblichen Biologie identisch. Männliche und weibliche Fortpflanzungssysteme sind unterschiedlich, aber ansonsten funktionieren die meisten Körpersysteme auf die gleiche Weise. Männer und Frauen haben fast alle die gleichen Hormone in ihrem Körper, obwohl die Menge bestimmter Hormone wie Östrogen und Testosteron variiert. Deshalb hat die Biologie eines menschlichen Körpers nichts mit der Verhaltensentwicklung eines Menschen zutun, sondern vielmehr mit der Kultur und der Muster.[4]

Doch die Menge des Testosterons ist bei Männern im Durchschnitt zehn Mal so hoch wie bei Frauen und beeinflusst Eigenschaften und Verhaltensweisen und den Umgang mit Gefühlen eines Menschen. Geschlechterspezifischen Experimenten zufolge empfinden Frauen negative Emotionen stärker als Männer und umso weniger

---

[2] Vgl. o. V.: Deutscher Bundestag- Gender Begriff, Historie und Akteure, 22.04.2016, S. 4 unter: https://www.bundestag.de/resource/blob/425662/d6f1279bh77bec6f5770c31b6a4319725/WD-9-025-16-pdf-data.pdf, Aufruf am 28.07.2020

[3] Vgl. Holzleithner, E.: Recht Macht Geschlecht, Originalausgabe, Wien 2002, S. 18

[4] Vgl. Hagemann-White, C.: Sozialisation Weiblich-männlich?, Originalausgabe, Opladen 1984, S. 33ff.

Testosteron die Personen hatten, desto sensibler waren sie.[5] Dadurch, dass Frauen ihre Periode bekommen, schütten sie vor ihrer Periode das Hormon Progesteron aus und der Östrogenspiegel sinkt, was dazu führt, dass Frauen unkonzentrierter und reizvoller werden können. Kurz vor der Menstruation sind Frauen oft schneller emotional und fühlen sich körperlich unwohler.[6] Der Hormonspiegel ist bereits am ersten Tag der Periode am niedrigsten, was dazu führt, dass viele Frauen durch ihre Hormonschwankungen Stimmungsschwankungen und andere körperliche Symptome bekommen und der Alltag dadurch beeinflusst wird.[7]

Viele Wissenschaftler sind sich einig, dass der Begriff des Geschlechts im soziokulturellen Sinne zugewiesene Verhaltensmuster, die in einer Kultur akzeptiert werden und die sozialen Erwartungen der Gesellschaft widerspiegeln, die entweder weiblich oder männlich sein müssen, damit diese Menschen einer Geschlechtsidentität zugewiesen werden können. Sie entsprechen keinem biologischen Phänomen, weshalb zwischen dem biologischen Geschlecht und den kulturellen Erwartungen der Rollen unterschieden wird.

Die Strebsamkeit, Differenzen zwischen den Geschlechtern aufzuzeigen, begleitet die Psychologie seit Menschengedenken. Im Jahr 1985 gründeten Wissenschaftler länderweit Laboratorien, die die Unterschiede des männlichen und weiblichen Geschlechts klären sollten. Francis Galton ist überzeugt davon, dass Männer den Frauen überlegen sind und dies auch wissenschaftlich bewiesen wurde.[8] Dies sieht Judith Lorber anders. Sie ist der Ansicht, dass die Forschung von Gender nicht dem Kern der Biologie entspricht, sondern die, der Entwicklung der menschlichen Kultur.[9]

---

[5] Vgl. Kindel, C.: GEO WISSEN – Geschlechterforschung. Wie sich Frau und Mann unterscheiden: Verblüffende Erkenntnisse der neuen Forschung unter: https://www.geo.de/wissen/22301-rtkl-geschlechterforschung-wie-sich-frau-und-mann-unterscheiden-verblueffende, Aufruf am 30.07.2020

[6] Vgl. o. V.: Unterschiede zwischen Mann und Frau unter: http://www.beratung360plus.de/uploads/media/Unterschiede_Mann_Frau.pdf, Aufruf am 30.07.2020

[7] Vgl. o. V.: Regelschmerzen.de – Der weibliche Zyklus: Was passiert im Körper der Frau? unter: https://www.regelschmerzen.de/menstruation-zyklus/weiblicher-zyklus, Aufruf am 30.07.2020

[8] Vgl. Hagemann-White, C., a. a. O., S. 32-35

[9] Vgl. Lorber, J.: Gender Paradoxien, 2. Auflage, Wiesbaden 1999, S. 44

2.2 Kulturelles Gender

Die Zuordnung der Rolle des Geschlechts besteht seit vielen Jahren und immer noch. Während Geschlecht die Bestimmung ist, ob eine Person biologisch männlich oder weiblich ist, ist Geschlecht die soziokulturelle Bestimmung von Verständnis dafür, was es bedeutet, ein Mann oder eine Frau zu sein. Das Geschlecht einer Person, wie es durch ihre Biologie bestimmt wird, entspricht nicht immer ihrem Geschlecht. Ein Baby, das mit männlichen Genitalien geboren wurde, wird als männlich identifiziert. Während er wächst, kann er sich jedoch mit den weiblichen Aspekten seiner Kultur identifizieren. Da sich der Begriff Geschlecht auf biologische oder physische Unterschiede bezieht, werden die Merkmale des Geschlechts zwischen verschiedenen menschlichen Gesellschaften nicht signifikant variiert. Das kulturelle Gender bezieht sich auf die kulturellen Unterschiede, die von der Gesellschaft von Männern und Frauen je nach Geschlecht erwartet werden. Das soziale Umfeld, in dem Individuen geboren werden und leben, prägt ihre Einstellungen, Emotionen und Verhaltensreaktionen sowie die Wahrnehmung dessen, was um Menschen herum geschieht.

Zusammenfassend wird gesagt, dass die Geschlechter bis auf die biologischen Unterschiede keine Differenzen haben und die Gesellschaft durch die Kultur und Veränderungen geschlechterspezifische Rollen verteilt hat. Es beginnt von Geburt an mit der Geschlechtertrennung. Dem Mädchen werden zur Einkleidung rosa Kleidungsstücke gekauft und dem Jungen blaue Kleidung, umgekehrt wäre es in der heutigen Gesellschaft nicht geläufig. Im Kindergarten sowie in der Schule oder auf dem Spielplatz lernen die Kinder, geschlechterspezifische Spielzeuge zu benutzen. Jungen spielen mit Actionfiguren und Autos und die Mädchen mit Puppen und Barbies. Jungen werden ermutigt, am Fußballtraining teilzunehmen, während sie davon abgehalten werden, am Ballettunterricht teilzunehmen.

So sozialisieren sich die Kinder, traditionelle Geschlechterrollen zu kennen und empfinden diese als richtig und normal und Verhaltensweisen, die gegen die „Norm" verstoßen, fallen Menschen schnell auf.

Dadurch, dass bestimmte Eigenschaften in „männlich" und „weiblich" kategorisiert werden, entsteht eine soziale Attribation mit klischeehaften Geschlechtstypologien, die verhindert, dass eine Frau „männlich" oder ein Mann „weiblich" ist. In der Kulturwissenschaft wird laut W. Conell Männlichkeit als das Symbol der Autorität und Weiblichkeit als Symbol der Mangelhaftigkeit definiert.[10]

2.3 Historische Entwicklung der Frauenbewegung

Die Matriarchate in Zeiten bis 1000 vor Christus und die Patriarchate der letzten 3000 Jahre sorgten für Veränderungen, wodurch Kulturen entstanden. Durch die Kultur wurde das jeweilige Frauen- und Männerbild geprägt. Die Männer galten dabei immer als die Mächtigen und die Frauen als die, die sie ermächtigen.[11]

Zu Zeiten der Industrialisierung wurde dem Mann die Rolle des führenden Geschlechts zugeteilt, während die Frau sich um die Hausarbeit kümmerte. Die Frau hatte so gut wie keine Rechte und musste sich dem untergeben. Die Frauen hatten kein Recht zu wählen und sehr geringe Karrierechancen.[12]

Im 18. Jahrhundert begann die erste Phase der Frauenbewegung, die das Ziel der Französischen Revolution, der Gleichberechtigung aller Menschen verfolgte. Louise Otto Peters war die Gründerin dieser Phase und sorgte dafür, dass sich Frauen und Mädchen für ihre Bildung einsetzten. Sie gründete 1865 einen deutschen Frauenverein, mit dem Ziel, ein Recht auf freie Wahl des Arbeitsplatzes und gleiches Entgelt für gleiche Arbeit zu erhalten und im Interesse des Staates wählen zu können. Während dieser Phase konnten wichtige Veränderungen und Erfolge der Geschlechterverhältnisse erreicht werden, z. B. haben Frauen seit 1918 das Recht zu wählen, sowie der Wegfall von der Geschlechtsvormundschaft über unverheiratete oder verheirateten Frauen. Rund um 1960 stieg die Frauenbewegung in der Bundesrepublik Deutschland, insbesondere durch Jugendliche und Studentinnen, die autonome Frauengruppen und Netzwerke bildeten, um Frauen öffentlich auf die Ungleichberechtigung aufmerksam zu machen. In dieser Phase verlangten die Frauen das Recht zur Selbstbestimmung, das Recht auf Mitspracherecht in

---

[10] Vgl. Conell, W.: Der gemachte Mann, Originalausgabe, Opladen 1999, S. 89
[11] Vgl. Bischoff, S.: Frauen zwischen Macht und Mann, Originalausgabe, Hamburg 1990, S. 73
[12] Vgl. Christine, Jasmin, Mara Sophie, Viktoria, Anne-Sophie –
Die industrielle Revolution - Die Rolle der Frau in der industriellen Revolution., 14.11.2016 unter: https://industrialisierungblog.wordpress.com/2016/11/14/die-rolle-der-frau-in-der-industriellen-revolution/, Aufruf am 04.08.2020

der Politik, die Möglichkeit qualifizierte Arbeitsplätze zu belegen und die Abschaffung des Gesetzes § 218, das besagt, dass Frauen keine Kinder abtreiben dürfen. 1977 wurde ein neues Eherecht verfasst, wodurch Frauen nicht mehr verpflichtet waren, den Haushalt zu führen. 1980 entstand das Recht von Gleichbehandlung von Frauen und Männern am Arbeitsplatz. Kulturelle Veränderungen wie Frauentheatergruppen oder feministische Literatur, die durch Frauenverlage veröffentlicht wurden, wurden in dieser Phase gegründet. Die Frauen verschwanden durch die gegründeten Einrichtungen von beispielsweise Frauenforschungszentren oder Stellen für die Gleichberechtigung aus dem Fokus der Öffentlichkeit und somit auch das Interesse der Frauenbewegung. In den 1990er-Jahren wurde der unabhängige Frauenverband gegründet, weil die Interessen von Frauen immer noch keine große Rolle spielen. 1992 wurde dann das Mutterschutz Gesetz zugunsten der Frauen im Bezug auf den Kündigungsschutz verbessert. 1994 wurde ein zweites Gleichberechtigungsgesetz veröffentlicht, dass die Förderung von Frauen und der Vereinbarkeit von Familie und Berufstätigkeit fordert und die Benachteiligung aufgrund des Geschlechts im Berufsleben verbietet. Es handelt sich um das Frauenfördergesetz. Ab 1996 hatten die Frauen das Recht, auf einen Kindergartenplatz für Kinder ab dem 3. Lebensjahr. Im Jahr 2005 wird Angela Merkel die erste deutsche Bundeskanzlerin.[13] Durch die Frauenbewegung wurde viel erreicht. Frauen haben Selbstbewusstsein bekommen und haben größere berufliche Chancen. Sie sind laut den Gesetzen und Rechten mit den Männern gleichgestellt, dürfen Kinder ohne Ehen zeugen und fallen nicht unbedingt in die Existenznot, wenn es zur Scheidung der Ehe kommt. Ehemänner, die häusliche Gewalt verüben, müssen die Wohnung verlassen, wenn die Frau das so möchte und Vergewaltigungen in der Ehe werden bestraft. Mädchen gelten bereits als selbstbewusster und klug und Frauen haben qualifizierte Jobs, die sie heutzutage ausüben.[14]

---

[13] Vgl. o. V.: Uni Bielefeld – Geschichte der Frauenbewegung im deutschen Kontext, 2017 unter: https://unibielefeld.de/gendertexte/geschichte_der_frauenbewegung.html, Aufruf am 04.08.2020

[14] Vgl. Stobl, I.: Planet Wissen – Deutsche Geschichte - Frauenbewegung unter: https://www.planetwissen.de/geschichte/deutsche_geschichte/frauenbewegung_der_kampf_fuer_gleichberechtigung/index.html#Erfolge, Aufruf am 04.08.2020

2.4 Stereotype

Stereotype sind feste Vorstellungen darüber, was in einem bestimmten Bereich „üblich" ist. Sie verhelfen dazu, eine grobe Weltordnung zu schaffen, können Menschen jedoch gleichzeitig aufhalten, ihre Reichhaltigkeit genau und neutral anzuschauen.[15] Sie schreiben Menschen bestimmte Merkmale und Verhaltensweisen basierend auf ihrem erkennbaren Geschlecht zu. Diese Attribute werden mit der Zeit angeeignet und durch die eigene Darstellung und die Außenwahrnehmung konstant angeregt, was dann für viele als selbstverständlich wirkt.[16] Die Stereotype sind demnach Erwartungshaltungen der Gesellschaft.

Der Begriff Stereotyp ist den meisten Menschen geläufig. Beispielsweise, wenn Frauen nicht in die Parklücke kommen, dann halten viele sich die Hand vor die Stirn und sagen „typisch Frau" denn ein weltbekanntes Klischee lautet „Frauen können nicht einparken". Oder „Frauen am Steuer, ungeheuer!" Ähnlich wie bei einem Mann, der angeblich bekannt dafür ist, dass er nie zuhört. Die Gesellschaft hat feste Vorstellungen darüber, was von Männern und Frauen erwartet wird, wie sie sich kleiden, benehmen und präsentieren den Stereotypen täglich mehrmals in ihrem Alltag, sei es im Supermarkt, zu Hause vor dem Fernseher, auf den Straßen oder in den sozialen Medien – bewusst und unbewusst.

2.4.1 Stereotypische Geschlechter

Frauen sind dem Stereotyp nach das liebe, nette Geschlecht, das sich um andere kümmert, besonders liebevoll, sanft und sympathisch ist. Im zwischenmenschlichen Umgang ist die Frau das sensiblere Geschlecht. Männer dagegen sind im Gegensatz zu der Frau dem Stereotyp nach stark, ehrgeizig und setzen sich durch. Sie sind dem Stereotyp nach aggressiv, dominant, selbstbewusst, selbstständig und individuell.[17] Beispielsweise wurden Frauen früher vom Studium ausgeschlossen, mit der Begründung, dass sie zu emotional und zärtlich sind und überfordert

---

[15] Vgl. Müller-Lissner, A.: Der Tagesspiegel – Gender - früh gelernte Stereotypen, vom 01.02.2017 unter: https://www.tagesspiegel.de/wissen/gender-frueh-gelernte-stereotypen/19319288.html, Aufruf am 05.08.2020

[16] Vgl. o. V.: Genderkompetenzzentrum – Geschlechterstereotype, vom 05.05.2012 unter: http://www.genderkompetenz.info/genderkompetenz-2003-2010/gender/Stereotype/geschlechterstereotype.html, Aufruf am 07.08.2020

[17] Vgl. Eagly, A. H., Carli, L. L.:: Im Labyrinth der Karriere, Boston 2007, S. 86

wären. Psychische Störungen wären die Konsequenzen solch einer Arbeit und würden ihre Befähigung einer guten Ehefrau und Mutter einschränken.[18]

Die stereotypische Frau kommt dem Gegenüber immer entgegen, ist emotional und sollte schlank sein. Die Frau kümmert sich um den Haushalt und bekocht die Familie, während der stereotypische aggressive, selbstbewusste, durchsetzungsfähige Mann sich um die Finanzen kümmert und das Geld nach Hause bringt. Der stereotypische Mann zeichnet sich durch seine Männlichkeit aus, die erfordert, dass er muskulös und stark ist. Männliche, extrem muskulöse Charaktere, wie beispielsweise Batman, werden als geschätztes Vorbild präsentiert, denn diese besitzen das persönliche Merkmal der Aggression. Die bekannten Superhelden sind meistens die Männer, z. B. „Superman", „Spiderman", „Batman". Dies schafft ein Geschlechterstereotyp. Da Kinder oder Jugendliche leicht Zugang zu solchen Filmen haben, werden diese Stereotypen leicht in ihren Gedanken verankert, die ein Prozess der Geschlechterkonstruktion sind. Infolgedessen kann diese Art von Geschlechterstereotyp, die Sicht der Kinder auf das Geschlecht verändern oder formen, was sich auf die Konstruktion ihres Geschlechts auswirkt.

Stereotype beeinflussen die Gedanken der Menschen und somit auch ihre Gefühle und die daraus abgeleiteten Handlungen. Sie bestehen aus erstarrten Klischees. Die unterschiedlichen Medien sowie die Schulzeit und der Alltag entwickeln diese, woraus folgt, dass ein Kind eingeschränkt und aufgehalten wird, ohne dessen bewusst zu sein.[19]

2.4.2 Stereotype in den Medien

Medien spielen in der heutigen Welt eine wichtige Rolle. Diese sind weltweit für jeden präsent. Werbungen sind ein normaler Teil des Alltags geworden, wofür verschiedene Medien genutzt werden, um die potenziellen Kunden zu erreichen. Medien erscheinen zu Hause im Fernsehen, in den sozialen Medien sowie in den Zeitschriften oder auch als Plakate auf den Straßen. Geschlechterstereotypen in der Werbung werden ständig ausgestrahlt und verfügen über eine große Kontrolle. Die Bilder von Mädchen und Frauen sind voll von Stereotypen und zeigen auf, wie eine

---

[18] Vgl. Conell, W.: a. a. O., S. 40
[19] Vgl. o. V.: intercultural journal – Das Tradieren von Genderstereotypen - Sprache und Medien, S. 46f., 2018 unter: https://epub.ub.unimuenchen.de/57250/1/Elsen_Das_Tradieren_von_Genderstereotypen.pdf, Aufruf am 07.08.2020

Frau oder ein Mann zu sein hat und welche Rolle die Geschlechter in der Gesellschaft spielen sollen.

Frauen, die im Social-Media-Bereich aktiv sind, inszenieren sich laut einer Forschungsstudie nach alten geschlechterspezifischen Stereotypen. In ihrer Darbietung in den sozialen Medien richten sich junge Frauen an altmodische Rollenbilder. Das sind Ergebnisse mehrerer Forschungen der Darstellungen der Geschlechter in den sozialen Medien, die repräsentativ sind.

Die Darbietung der Geschlechter in den etabliertesten Video-Kanälen, wie beispielsweise YouTube, richten sich den Studien zufolge auf altmodische Stereotype. Männer zeigen viel mehr Aktivität auf ihren Kanälen: Entertainment, Musik, Computerspiele, Komödien bis hin zu Politik. Frauen dagegen beschäftigen sich eher zu Hause mit Pflege und Make-up und dem Haushalt.[20]

Werbeunternehmen schaffen Geschlechterstereotype in Form von beispielsweise Werbekampagnen oder bezahlten Kooperationen mit einflussreichen Personen des öffentlichen Lebens z. B. auf Instagram, in der Hoffnung, eine große Zielgruppe damit anzusprechen. Dadurch, dass viele Menschen diese Werbung sehen oder im Unterbewusstsein wahrnehmen, wird bewusst oder unbewusst eine kulturelle Erwartung geschafft, die glaubt, diesem Muster folgen zu müssen.

Im Folgenden wird anhand von offensichtlichen Werbemitteln deutlich gemacht, wie geschlechterspezifisch Kampagnen von Unternehmen entwickelt werden, um ihre Zielgruppe zu erreichen. Diese gezielte Werbung schafft eine Assoziation zwischen dem Produkt und der Zielgruppe.

---

[20] Vgl. o. V.: Zeit Online – Geschlechterdarstellung in sozialen Medien, vom 28. 01.2019 unter: https://www.zeit.de/gesellschaft/2019-01/geschlechterdarstellung-soziale-medien-frauen-studie, Aufruf vom 08.08.2020

Abbildung 1: Ferrero Kampagne

Das in Abbildung 1 gezeigte Werbemittel ist offensichtlich geschlechterspezifisch orientiert und gezielt für Mädchen gerichtet. Das Überraschungsei ist bei allen Geschlechtern beliebt und soll durch die Farbwahl eine Nachfrage von weiblichen potenziellen Verbrauchern erzielen. Besonders kritisiert wird die Kampagne, weil sie sich gezielt an Kinder richtet und den Kindern indirekt vermittelt, dass es süße, auf rosa fixierte Puppen sein sollen, was Jungs eben nicht betreffen darf.[21]

---

[21] Vgl. o. V.: Grüne Jugend Hessen – GEZahlt für Steinzeit-Sexismus? – Landesvorstand lehnt starre Rollenbilder in der Werbung ab, vom 27.08.2012 unter: https://www.gjh.de/frog/blog/2012/08/27/gezahlt-fuer-steinzeit-sexismus-landesvorstand-lehnt-starre-rollenbilder-in-der-werbung-ab/, Aufruf am 07.08.2020

Abbildung 2: Almudler Kampagne

Dieses Werbemittel möchte der Zielgruppe übermitteln, dass es typisch ist, dass Männer stark sind und keine Gefühle haben, bis auf Existenzbedürfnisse, die zum Wunsch führen, etwas zu trinken. Diese Botschaft wurde vom Unternehmen Almdudler mit einer Plakatwerbung als Werbeträger in die Masse verbreitet (siehe Abbildung 2). Obwohl diese Kampagne von vielen kritisiert wurde und als sexistisch gesehen wurde, beschloss der Werberat aus Österreich, diese Kampagne nicht aufzuheben.[22] Jungen wachsen von klein auf mit Klischees und Stereotypen dieser Arten. Männer werden durch die Sozialisation und durch solche Klischees von der Gefühlssprache ferngehalten und zeigen keine Emotionen, weil es nicht typisch Mann genug wäre, ihre Gefühle zu äußern im Vergleich zum Mädchen, denen es erlaubt ist, von klein auf immer über ihre Emotionen und Gefühle zu sprechen.

---

[22] Vgl. Luise: Nordkind – SEXISMUS: DIE 5 SCHLIMMSTEN KLISCHEES IN DER WERBUNG, vom 26.06.2016 unter: https://nordkind.blog/meinung/sexismus-die-5-schlimmsten-klischees-in-der-werbung, Aufruf am 07.08.2020

2.5 Gender Pay Gap

Das Gender Pay Gap beschreibt eine statistische Zahl zur Messung der Abweichung zwischen Männern und Frauen in ihren Einkommenssätzen. Zwei Varianten des Gender Pay Gaps sind zu unterscheiden: einen „unbereinigten", der die geschlechtsspezifischen Differenzen der Bruttolöhne in Stunden der beiden Geschlechter kalkuliert. Das „bereinigte" Gender Pay Gap berechnet sich durch unterschiedliche Qualifikationen und Hintergründen, nach Studien, Branchen und dem beruflichen Werdegang.[23]

Das Gender Pay Gap soll den Unterschied des durchschnittlichen Stunden Einkommens in Brutto der Frauen und Männer im Vergleich zum Bruttogehalt der Männer darstellen. Angestellte in der Landwirtschaft, in der Öffentlichen Verwaltung sowie in Betrieben mit bis zu zehn Beschäftigten werden nicht berücksichtigt. Der Unterschied des Verdienstes zwischen Frauen und Männern ist ein Nachweis dafür, dass es keine Gleichberechtigung zwischen Frauen und Männern gibt. Dies hat jedoch verschiedene Gründe. Frauen und Männer differenzieren sich in ihren beruflichen Werdegängen und in ihrer Berufsauswahl, was oft der Grund dafür ist, dass der Verlauf und das Einkommen der Karriere unterschiedlich sind. Laut dem Statistischen Bundesamt haben Frauen einen geringeren Einkommenssatz von 21 % als Männer. Im Westen Deutschlands unter anderem auch in der Hauptstadt Berlin liegt der Unterschied bei 22 % und somit deutlich unterhalb von Ostdeutschland mit 7 %. Seit 2002 ist der Unterschied gleichbleibend. Die Bundesregierung möchte die Verdienstlücke zwischen Männern und Frauen reduzieren, sodass es nur noch eine Differenz von 11 bis 12 % gibt. Die geschlechtsspezifische Lohnlücke hatte im Jahr 2018 große Differenzen. Die größten Abstände von 31 % gab es in den Bereichen der Berufe im freischaffenden Bereich sowie Service Dienstleistungen und Künstlern. Selbst in Bereichen, die kulturell von Männern des Öfteren ausgeführt werden, wie beispielsweise in der KFZ-Werkstatt gab es Unterschiede von 24 %. In der Landwirtschaft sowie bei Abschaffungen von Unreinheiten der Umwelt sowie im Bereich des Lagers lag das Gender Pay Gap bei niedrigen Werten von 4 % und 7 %, obwohl hier weniger Frauen tätig waren. Es existiert kein Wirtschaftszweig, wo Frauen einen höheren Verdienst erbringen als Männer. Im öffentlichen Bereich der Verdienste jedoch größer als in privaten Betrieben. Das Gender Pay Gap im

---

[23] Vgl. Eicker, J.: Gender Glossar – Gender-Pay-Gap, 2017 unter:
https://nbn-resolving.org/urn:nbn:de:bsz:15-qucosa-223783, Aufruf am 08.08.2020

privaten Bereich eindeutig höher mit 23 % als der im öffentlichen Bereich, der bei 9 % liegt.[24] Laut der Bundes Agentur für Arbeit in Freiburg erwarten Frauen 25 % weniger Lohn als die männlichen Bewerber. Das Gender Pay Gap liegt bei ca. 22 %.[25]

Im folgenden Abschnitt wird ein Interview einer Leiterin einer Gender Forschungsgruppe zusammengefasst, die Fragen rund um die Gender-Pay-Gap-Thematik allgemein beantwortet.

Dr. Katharina Wrohlich, Leiterin der Forschungsgruppe Gender Economics am DIW Berlin wurde in einem Interview gefragt, wie groß das Gender Pay Gap ist und wie sich dieser in den vergangenen Jahren entwickelt hat. Laut Whrolich beträgt das Gender Pay Gap nach den Berechnungen des Statistischen Bundesamtes 21 %. Das Gender Pay Gap ist in den letzten Jahren relativ gleich geblieben, beträgt bei unterschiedlichen Gruppen aber nicht gleich viel. Als Nächstes wurde Frau Wrohlich gefragt, warum die Lohnlücke bei jungen Frauen höher ist, als gegenüber den Männern. Frau Whrolich beantwortet diese Frage damit, dass die Gehälter sich erst ab dem 30. Lebensjahr unterscheiden und sie bis dahin kaum unterschiedlich sind. 30 ist das Durchschnittsalter, in dem Frauen das erste Kind zur Welt bringen und sich aus diesem Grund die Situation dann ändert und sie entweder gar nicht mehr oder weniger arbeiten und ihre Gehälter mit über 30 kaum noch höher angesetzt werden können. Dies ist bei Männern anders, weshalb ihre Gehälter bis zu 20 Jahren später immer noch immens steigen können. Anschließend wird die Leiterin der Berliner Forschungsgruppe gefragt, inwiefern die Annahme der Männer und Frauen zu ihren Gehältern im Bezug auf dem Gender Pay Gap zusammenhängen. Laut Frau Wrohlich werden die Erwartungen der Männer und Frauen mehr oder weniger im beaufsichtigten Gender Pay Gap wiedergegeben. Die Untersuchung hat außerdem gezeigt, dass Frauen selbst, ein geringeres Wachstum ihrer Gehälter erwarten. In der vierten und fünften Frage wird Frau Wrohlich gefragt, zu welchem Resultat es bei der Untersuchung der Bewertung der Beschäftigten über die Löhne für Frauen und Männern kam, und welcher Altersgruppe die Befragten angehören,

---

[24] Vgl. o. V.: Statistisches Bundesamt – Gender Pay Gap unter:
https://www.destatis.de/DE/Themen/Arbeit/Arbeitsmarkt/Qualitaet-Arbeit/Dimension-1/gender-pay-gap.html, Aufruf am 08.08.2020

[25] Vgl. Rockstroh, B., Rockstroh, S.: Bundesagentur für Arbeit – Gender Pay Gap, 31.01.2020 unter:
https://www.arbeitsagentur.de/vor-ort/freiburg/pi-20-09, Aufruf am 08.08.2020

woraufhin sie antwortete, dass laut den Untersuchungen soeben Männer und Frauen geringere Gehälter für Frauen als fair empfinden, obwohl sie dasselbe Verrichten und die gleichen Spezialitäten besitzen. Die befragten Personen hatten hohe unterschiedliche Altersgruppen. Die jüngere Altersgruppe war im Thema der Gerechtigkeitsbewertung frei von Vorurteilen. Die bis zum Alter von 30 Jahren sehen keine Differenzen. Je älter die befragten Personen sind, desto unvoreingenommener. Die befragten Personen zwischen 30 und 40 Jahren empfinden das Gender Pay Gap als gerecht. Um das Interview mit Lösungsvorschlägen zu beenden, wird die Leiterin der Berliner Forschungsgruppe gefragt, was hinsichtlich für die Reduzierung des Gender Pay Gaps unternommen werden kann. Laut Frau Wrohlich hängt das Gender Pay Gap stark davon ab, dass Männer und Frauen Differenzen im beruflichen Werdegang haben, die sehr stark darauf zurückzuführen, dass Frauen sich um den Haushalt und um die Familie kümmern. Wenn die Sorgearbeit, die die Erziehung der Kinder und später auch die Pflege älterer Familienmitglieder und den Haushalt einheitlich bzw. ausgeglichener zwischen Mann und Frau wäre, so würde sich auch das Gender Pay Gap verringern. Dies benötigt aber das Aufbrechen der Stereotype und mehr Vorbilder, die diese Rolle vormachen, wie beispielsweise mehr Frauen als Führungspersonen oder eben mehr Männer, die sich um den Haushalt, die Kinder und pflegebedürftige Familienmitglieder kümmert.[26]

In der Fachliteratur gibt es verschiedene Ansichten über die Ursachen des Gender Pay Gaps. Laut der Bundeszentrale für politische Bildung wird das Gender Pay Gap durch die Arbeitsauteilung innerhalb des Arbeitsmarktes, die die Hierarchieebenen und die Tätigkeitsberufe einschließen, beeinflusst. Studien zufolge unterscheidet sich die Wahl der Branche sowie die Erwerbstätigkeit von Frauen und Männern im hohen Maß, woraus entschlossen werden kann, dass die ausgewählten Berufe mit einer hohen Nachfrage von Frauen unter dem Durchschnitt vergütet werden. Als weiterer Grund wird die Auswahl des Berufes erläutert. Der Anteil der Frauen in Berufen mit niedrigem Lohn ist sehr hoch. In der Reinigungsbranche liegt der Anteil bei 85 %, beim Einzelhandel 73 % und im Bereich des Gesundheitswesens bei 77 %. Der Anteil der Männer in Führungspersonen liegt bei 13 % was im

---

[26] Vgl. Wrohlich, K., Wittenberg, E.: Deutsches Institut für Wirtschaftsforschung: DIW-Wochenbericht – Aufbrechen von Stereotypen kann Gender Pay Gap reduzieren, 01.03.2020 unter: https://www.diw.de/de/diw_01.c.741840.de/publikationen/wochenberichte/2020_10_5/aufbrechen_von_stereotypen_kann_gender_pay_gap_reduzieren_interview.html, Aufruf am 09.08.2020

Vergleich zu den Frauen, die bei 7 % liegen wesentlich höher liegt.[27] Die Ursachen für die Lohnlücke sind Gründe, die auf kulturelle Muster zurückzuführen sind. Im Fokus steht hierbei die Zuschreibung der Rollen, die darstellen, dass Frauen aus familiären Gründen ihre Arbeit abbrechen oder für lange Zeit pausieren. Die Kernursache, warum Frauen weniger verdienen als Männer sind die kulturellen Aspekte, die beim Arbeitgeber immer noch von Bedeutung sind. Dementsprechend spielen traditionelle Vergütungsmechanismen weiterhin eine Rolle. Nach einer aus familiären Gründen eingelegten Berufspause kehren die Frauen mit der Einstellung zurück, zum richtigen Einkommen, der von anderen ausgeht, nur was hinzu zu verdienen mit deutlich weniger Verdienst, Männer dagegen sind die Haupternährer der Familie. Nach der Entbindung des Kindes der Frau werden die Arbeitszeiten der Frauen meistens reduziert, bei den Männern hingegen steigt sie oft nach oben, weshalb Männer zu diesem Zeitpunkt in ihrer Karriere aufsteigen und ihre Kollegin einholen. Deswegen wird die Hauptursache des fortbestehenden Gender Gaps zwischen Männern und Frauen trotz gleicher Qualitäten und gleichen Arbeitsstunden damit begründet, dass Frauen häufigere und längere familienbedingte Berufspausen einlegen.[28]

---

[27] Vgl. Zinke, G.: Bundeszentrale für politische Bildung – Geschlechterungleichheiten: Gender Pay Gap, vom 11.08.2020 unter:
https://www.bpb.de/politik/innenpolitik/arbeitsmarktpolitik/187830/gender-pay-gap, Aufruf am 09.08.2020

[28] Vgl. o. V.: Bundesministerium für Familie, Senioren, Frauen und Jugend – Gesetz für die gleichberechtigte Teilhabe von Frauen und Männern an Führungspositionen in der Privatwirtschaft und im öffentlichen Dienst, vom 13.09.2017 unter:
https://www.bmfsfj.de/bmfsfj/service/gesetze/gesetz-fuer-die-gleichberechtigte-teilhabe-von-frauen-und-maennern-an-fuehrungspositionen-in-der-privatwirtschaft-und-im-oeffentlichen-dienst/119350, Aufruf am 09.08.2020

3 Führung

Bevor dem Grund nachgegangen wird, warum es mehr männliche als weibliche Führungspersonen gibt, wird zunächst der Begriff „Führung" definiert.

In der Literatur befinden sich zahlreiche Definitionen des Führungsbegriffs.

Nach Tonn wird im wissenschaftlichen Sinn unter dem Begriff „Führung" eine zielbewusste Einflussnahme innerhalb einer sozialen Einheit verstanden.29 Berger zu Laute hat die Führung mehrere Facetten. Einerseits werden die Mitarbeiter/innen des Unternehmens durch die strukturelle Führung und andererseits durch die personale Führung geführt. Die strukturelle Führung richtet sich nach dem Führungssystem des Unternehmens. Die personale Führungskraft hängt mit der Führungsperson direkt zusammen. Somit haben Führungspersonen laut Berger drei Wirkungsfelder: Führungspersonen sind der Boss und besitzen Macht. Sie geben die Anweisungen oder pflegen eine soziale Beziehung zu den Mitarbeiter/innen und schaffen damit eine Orientierung oder sind Mitwirkende und arbeiten mit dem Team zusammen an der Unternehmenskultur und Arbeitsstruktur.30 Laut Rosenstiel wird unter Führung eine zielgerechte Einflussnahme verstanden.31

3.1 Anforderung an die Führungsperson

Die bestimmten Unternehmensziele wie beispielsweise die Steigerung der Effizienz, Verbesserung der Zusammenarbeit und die Erhaltung der Qualitäten sollen durch die geführten Personen erreicht werden. Die Art und Weise der Führung differenziert sich einerseits durch Strukturen geführt und andererseits durch Personen. Ganz gleich, welche Regeln es gibt und wie streng diese gehandhabt sind, es sind die Menschen und insbesondere die Führungspersonen, die beeinflussen, wie diese in der Realität umgesetzt werden. Es liegt in der Hand der Führungsperson, ob die Mitarbeiter/innen flexibel sind, ihre Kreativität in Kraft gesetzt wird oder ob lediglich „Dienst nach Vorschrift" geleistet wird. Entscheidend ist die Art und Weise der Führungsperson, ob sie durch ihr Handeln wie die Klarstellung der Ziele, das Koordinieren der Aufgaben sowie die Kontrolle der Ergebnisse und die

---

[29] Vgl. Tonn, J: Frauen in Führungspositionen – Ursachen der Unterrepräsentanz weiblicher Führungskräfte in Unternehmen, Wiesbaden 2016, S. 35

[30] Vgl. Berger, P.: Praxiswissen Führung, Wiesbaden 2017, S. 77

[31] Vgl. Rosenstiel, L., Regnet, E., Domsch, M.: Grundlagen der Führung, 6. Auflage, Stuttgart 2009, S. 33

Mitarbeiter/innen durch Coachings motiviert, die zielgerechte Beeinflussung der Mitarbeiter/innen erreicht.[32]

Die Führungskraft sollte nicht nur die vorgesetzte Person der Mitarbeiter/innen sein, sondern für die Mitarbeiter/innen und ihre Anliegen da sein und sich ihre Probleme anhören und Gespräche mit ihnen führen. Das Verhalten der Führungspersonen sollte die Mitarbeiter/innen motivieren und als Vorbildfunktion dienen. Es ist wichtig, dass die Mitarbeiter/innen die Führungskraft wertschätzen, ohne dass vergessen wird, die Aufgaben zu kontrollieren und klar zu besprechen.[33]

Im nächsten Kapitel wird der Begriff „Führungsstil" definiert. Danach werden drei typische Führungsstile nach Lewin, der transformationale und transaktionale Führungsstil definiert und erläutert.

3.2 Führungsstil

Der Begriff Führungsstil erklärt die Art und Weise des Umgangs mit der Führung einer Führungsperson gegenüber dem Arbeitnehmer. Es gibt verschiedene Führungsstile, die sich mit den Jahren weiterentwickelt haben. Der Erfolg, der durch einen bestimmten Führungsstil erreicht wurde, hängt von den unterschiedlichsten Aspekten ab.[34]

3.2.1 Führungsstile nach Lewin

Laut Lewin wird unter einem Führungsstil eine dauerhafte und feste Handlungsweise einer Führungsperson verstanden, die ihren Mitarbeiter/innen unabhängig von den Umständen ihre Grundeinstellung aufzeigt. Es werden drei verschiedene Stile der Führung unterschieden. Der Autoritäre Führungsstil, der Demokratische Führungsstil und die Laissez-faire Führung.[35]

---

[32] Vgl. Rosenstiel, L., Regnet, E., Domsch, M.: Führung von Mitarbeitern, 7. Auflage, Stuttgart 2014, S. 3
[33] Vgl. Lorenz, M., Rohrschneider, U.: Praxishandbuch Mitarbeiterführung, 3. Auflage, München 2013, S. 13
[34] Vgl. o. V.: Coaching Report – Führungsstile nach Kurt Lewin unter: https://www.coaching-report.de/lexikon/fuehrungsstil.html, Aufruf am 17.08.2020
[35] Vgl. Lewin, K.: Führungsstile, 2013 unter: http://www.kurt-lewin.de/fuehrungsstile.shtml, Aufruf am 17.08.2020

Beim autoritären Führungsstil herrscht eine genaue Abgrenzung zwischen der Führungsperson und dem Mitarbeitenden. Die Führungsperson übernimmt in diesem Führungsstil eine dominierende Rolle und hat die Kontrolle über den gesamten Arbeitsablauf der Mitarbeitenden. Die Führungsperson ist der Träger aller Entscheidungen und bindet die Mitarbeiter/innen nicht mit ein, was zu Unzufriedenheit der Mitarbeiter/innen führen kann. Es herrscht eine distanzierte Beziehung zwischen den Mitarbeiter/innen und der Führungsperson. Bei dieser Art von Führungsstil wird in Hierarchien gearbeitet und Aufgabenbereiche sind somit klar eingeteilt. Mitarbeiter/innen, die nach kreativen und dynamischen Jobs suchen, finden in Unternehmen mit autoritärem Führungsstil keine Motivation, weil sie wenig Handlungsspielraum haben und in ihrer Kreativität aufgehalten werden. Dieser Führungsstil gilt in der Gegenwart als nur noch in wenigen spezifischen Positionen gut einsetzbar, wo Entscheidungen schnell getroffen werden müssen, wie beispielsweise bei der Polizei. Im Gegensatz zum autoritären Führungsstil werden beim demokratischen Führungsstil die Mitarbeiter/innen mit in die Entscheidungsfindung der Zielsetzungen involviert. Des Weiteren wird die Kontrolle durch die Führungsperson durch Eigenkontrolle ersetzt, dadurch haben die Führungspersonen mehr Zeit für ihre eigentlichen Tätigkeiten. Dadurch, dass Mitarbeiter/innen mit in den Entscheidungsprozess einbezogen werden und ihre Tätigkeiten selbst kontrollieren, entwickelt sich ein besseres Verständnis im Bezug auf die Zusammenhänge und Arbeitsprozesse, was zu eigenständiges Denken und Handeln führt und die Motivation und Zufriedenheit der Mitarbeiter/innen steigert. Für eine ausgeglichene Zusammenarbeit dieses Stils wird vorausgesetzt, dass Ideen der Mitarbeiter/innen entgegen genommen werden. Führungspersonen, die diesen Führungsstil anwenden, müssen trotzdem klare Vorgaben machen und selbst eigene Entscheidungen treffen, sodass sie authentisch und autoritär bleiben. Da die Entscheidungen hier gemeinsam getroffen werden, sind diese Prozesse zeitaufwendiger. Der Laisser-faire Führungsstil stammt aus dem Französischen und steht für „lassen sie machen".

Bei diesem Führungsstil orientieren sich die Mitarbeiter/innen selbst und organisieren die Aufgabenverteilung untereinander, ohne dass die Führungsperson sich darin aktiv beteiligt. Die Mitarbeiter/innen verfügen hier über die vollkommene Entscheidungsfreiheit und können sich in ihren Stärken vollständig entfalten. Fehler werden nicht bestraft, dafür werden Erfolge auch nicht honoriert, was dazu führen kann, dass die Motivation nachlässt. Unzureichende Leistungen der Mitarbeitenden, können intransparent bleiben, was zur Gefahr für den Unternehmenserfolg führen kann. Oft sind Mitarbeitende, die unter diesen Umständen geführt werden hilflos, weil sie keine Orientierung der Prozessabläufe haben. Es kann bei diesem Führungsstil zu Ungleichheiten der Mitarbeiter/innen untereinander kommen, weil dominierende Personen sich schneller durchsetzen können, als andere, die introvertiert sind. In diesem Fall müsste eine neutrale Führungsperson eingreifen. Diese Art von Führungsstil entsteht bei Führungspersonen, wenn sie innerlich bereits mit dem Beruf abgeschlossen haben und sie kein Interesse mehr am Geschehen und ihre Mitarbeiterinnen und Mitarbeiterinnen haben oder aber, wenn sie diesen Eigenverantwortung schenken möchten und sie bei der Kreation von Ideen fördern möchten sowie sich damit aus dem Geschehen raushalten, ohne zu erkennen, dass es an Führung fehlt. Es gibt auch Führungspersonen, die diesen Stil anwenden, weil sie zu wenig Vertrauen in sich selbst haben und sich bei gewissen Entscheidungen zurückziehen.[36]

3.2.2 Transformationaler und Transaktionaler Führungsstil

Der transaktionale Führungsstil, der 1978 von Burns entwickelt wurde, beinhaltet nach Bass zwei Faktoren: „Contingent Reward", was bedeutet, dass die Ziele und Erwartung der Führungsperson erklärt werden. Dieser Führungsstil legt die Belohnung fest, die erhalten wird, wenn die erwartete Leistung erbracht wurde. Beim Faktor „Management by Exception" erledigen die Mitarbeiter/innen ihre Aufgaben nach den Wünschen der Vorgesetzten, um ihre Belohnung zu erhalten. Dabei gehen die Vorgesetzten auf die Wünsche der Mitarbeiter/innen ein. Der transaktionale Führungsstil basiert darauf, dass Belohnungen erteilt werden. Die Mitarbeiter/innen sollten vor Aufgabenerfüllung überlegen, inwiefern ihre Handlungen Handlung zur Erreichung der individuellen Ziele beiträgt. Wenn das Unternehmensziel erreicht werden soll, muss die Führungsperson die Mitarbeiter/innen davon überzeugen, dass die entsprechenden Verhaltensweisen ihren individuellen Zielen, wie beispielsweise einer Beförderung oder Gehaltserhöhung fördernd sind. Um die individuellen Ziele der Mitarbeiter/innen einschätzen zu können, muss die Führungsperson sich in die Mitarbeiter/innen hineinversetzen können und ihre Intentionen nachvollziehen können.[37]

---

[36]Vgl. o. V.: Leadership lernen – Klassische Führungsstile (Nach Kurt-Lewin) unter: https://leadershiplernen.de/klassische-fuehrungsstile-kurt-lewin/, Aufruf am 18.08.2020

[37] Vgl. Wunderer, R.: Führung und Zusammenarbeit, 9. Auflage, Luchterhand 2009, S. 241

Der transformationale Führungsstil, der ebenfalls 1978 von Burns entwickelt wurde, beinhaltet nach Bass vier Faktoren: „individuelle Behandlung", was bedeutet, dass alle Mitarbeiter/innen individuell wahrgenommen wird und demnach geführt und gefördert wird.

Die „geistige Anregung" als Komponente der transformationalen Führung beschäftigt sich mit der kreativen Ideenfindung, die die Führungsperson den Mitarbeiter/innen vermittelt. Feste Denkmuster sollen aufgebrochen werden und durch neue Einsichten vermittelt werden. Als dritte Komponente gilt die „Inspiration", bei der die Führungsperson Visionen formuliert und die erreichbaren Ziele und Aufgaben bespricht und die Mitarbeiter/innen dazu motiviert, die Bedeutung dieser Zielsetzungen zu erhöhen. Die letzte Komponente befasst sich mit der persönlichen Ausstrahlungskraft der Führungsperson, die als Vorbildfunktion für die Mitarbeiter/innen dient. Denn diese sollen sich mit der Führungsperson identifizieren können.[38] Der Transformationale Führungsstil wird deshalb so genannt, weil die Führungsperson eine Veränderung im Verhalten der Mitarbeiter/innen hervorbringen soll, mit der Voraussetzung, sich selbst zu verändern.

Im Bezug darauf erklärt Bass, in seinem Buch „The Handbook of Leadership", dass die transformationale Führung die Fähigkeit von Führungspersonen besitzt, ihre Funktion als Vorbild aufzunehmen und anhand dessen eine respektvolle Vertrauensbasis, basierend auf Loyalität und Bewunderung zu bekommen. Bass zu Laute entsteht somit eine intrinsische Motivation der Mitarbeiter, woraus eine Anregung zur Veränderung ihres Verhaltens und der Wille zu Lernen und Leistungen zu erbringen, entsteht. Durch ihre Motivation sind die Mitarbeiter/innen bei der transformationale Führung zufriedener, kreativer und arbeiten für das kollektiv im Team zusammen. Die Führungsperson ist damit automatisch weniger gefährdet, Stress und Probleme zu bekommen. Vielmehr verfügen diese als leistungsfähige Führungspersonen über mehr eigene Energie und Gehalt. Die transformationale Führungsperson ist charismatisch, vorbildlich, vertrauenswürdig und sympathisch. Durch das Zwischenmenschliche zwischen der Führungsperson und den Mitarbeiter/innen kommt es für viele Unternehmen mit diesem Führungsstil zum Unternehmenserfolg.[39] Beim Transformationalen Führungsstil setzt sich die

---

[38] Vgl. Wunderer, R.: a. a. O., S. 241
[39] Vgl. Henning, D.: Honestly – Transformationale Führung im Unternehmen: Führung mit Freude, vom 08.10.2019 unter: https://www.honestly.de/blog/transformationale-fuehrung-im-unternehmen/, Aufruf am 19.08.2020

Führungsperson mit dem Selbstwertgefühl der Mitarbeiter/innen auseinander. Die Führungsperson motiviert die Mitarbeiterinnen und Mitarbeiter, am Unternehmenserfolg mitzuziehen.[40] Beim Transaktionalen Führungsstil werden gut erbrachte Leistungen belohnt und Fehltritte, die der Zielführung Steine in den Weg stellen, werden bestraft. Es geht beim Transaktionalen Führungsstil hauptsächlich um das Prinzip der Gegenseitigkeit, das heißt, dass es sich immer um ein Geben und Nehmen zwischen der Führungsperson und den Mitarbeiter/innen handelt. Der transformationale Führungsstil dagegen wird dadurch charakterisiert, dass die Führungsperson als Vorbildfunktion der Mitarbeiter/innen dient und die Beziehung zwischen Führungsperson und Mitarbeiter/innen auf Vertrauen basiert. Die Führungsperson setzt die Ziele und motiviert die Mitarbeiter/innen ihre Qualifikationen und den Handlungsspielraum zu nutzen und effektiv zu arbeiten.[41] Beim Transaktionalen Führungsstil ergreift die Führungsperson nur Maßnahmen, wenn ein großes Risiko besteht, und es zu nicht zufriedenstellenden Resultaten kommt oder ein Mitarbeiter/innen oder eine Mitarbeiterin danach gefragt hat.[42]

3.3 Frauenquote

Das Bundesministerium für Familie, Senioren, Frauen und Jugend und das Bundesministerium der Justiz für Verbraucherschutz erstellten zusammen das Gesetz für die gleichberechtigte Teilhabe von Frauen und Männern an Führungspositionen sowohl in der Privatwirtschaft als auch im Öffentlichen Dienst. Das Gesetz soll mit Wirkung am ersten Mai 2015 das Ziel heranstreben, die Anzahl von Frauen in Führungspositionen zu steigern. Für börsenorientierte Aufsichtsräte der Unternehmen gilt seit 2016 eine Geschlechterquote von 30 %, die der Pflicht unterliegen, Zielgrößen zur Steigerung der Anzahl der Frauen in Aufsichtsräten und Führungspositionen.[43]

---

[40] Vgl. Bass, B. M.: a. a. O., S. 927
[41] Vgl. A. H., Carli, L. L.: a. a. O., S. 86
[42] Vgl. Wunderer, R.: a. a. O., S. 241
[43] Vgl. o. V.: Bundesminesterium für Familie, Senioren, Frauen und Jugend – Gesetz für die gleichberechtigte Teilhabe von Frauen und Männern an Führungspositionen in der Privatwirtschaft und im öffentlichen Dienst, 13.09.2017 unter:https://www.bmfsfj.de/bmfsfj/service/gesetze/gesetz-fuer-die-gleichberechtigte-teilhabe-von-frauen-und-maennern-an-fuehrungspositionen-in-der-privatwirtschaft-und-im-oeffentlichen-dienst/119350, Aufruf am 14.08.2020

Trotz des Inkrafttretens des Gesetzes für die gleichberechtigte Teilhabe von Frauen und Männern an Führungspositionen werden keine Effekte erkannt – sowohl in der Privatwirtschaft als auch im Öffentlichen Dienst gibt es keine Veränderungen. Immer noch sind Frauen in Führungspositionen in der Unterrepräsentanz. Seit 2016 gab es keine Veränderungen der Zahlen der Frauen in der Unterrepräsentanz. Landesweit beträgt der Anteil der arbeitstätigen Frauen 44 %. Viel niedriger ist die Zahl der Frauen in der Führungsposition. 26 % der arbeitstätigen Frauen befinden sich auf der „obersten" Führungsetappe 40 % auf der zweiten Etappe. Im Osten Deutschlands liegen die Zahlen etwas höher: 31 % der Frauen sind in der ersten und 45 % auf der zweiten Führungsebene tätig. Im Westen Deutschlands liegt der Anteil bei nur 25 beziehungsweise 39 %.[44]

In der vorliegenden Arbeit werden zu einem großen Teil Stereotype über männliche und weibliche Eigenschaften untersucht. Denn Führungspersonen werden meistens mit männlichen Eigenschaften assoziiert. Das bedeutet, dass eine optimale Führungsperson sich „männlich" verhalten sollte, ganz unabhängig davon, ob die Führungsperson ein Mann oder eine Frau ist. Das von der Gesellschaft erschaffene Muster übernimmt heutzutage der Mann oft immer noch die Rolle einer Führungsperson bzw. die Rolle des Ernährers. Die Rolle der Frau als Führungsperson erscheint für viele in der Gesellschaft als eher überraschend und weicht von dem festgewachsenen kulturellen Mustern ab.

Im Folgenden wird daher untersucht, warum immer noch eine Unterrepräsentanz der Frauen in Führungspositionen herrscht. Immer noch wird die Überzahl der männlichen Führungspersonen damit gerechtfertigt, dass Frauen Kinder gebären könnten und sich, wie der natürliche Lauf der Dinge sich auch entwickelt, sich um die Erziehung des Kindes kümmern müssen und nicht mehr vollständig einzusetzen sind im Beruf. Selbst wenn, es eine Einigung von Familie und Beruf gibt, wären Frauen die Personen, die mit Nachteilen leben müssen, weil der Nachteil strukturell in ihrem Geschlecht liegt.[45] Bis heute glauben die meisten, dass Positionen der Führung überwiegend nur von Männern ausgeführt werden können, weil sie die benötigten Kompetenzen dafür besitzen. Solange Frauen ihre „Weiblichkeit" nicht

---

[44] Vgl. o. V.: Bundesagentur für Arbeit – Frauen auf Führungsebene weiterhin unterrepräsentiert - Kein Zuwachs an weiblichen Führungskräften seit 2016, vom 02.12.2019 unter: https://www.arbeitsagentur.de/news/news-frauen-in-fuehrungspositionen-studie-2019, Aufruf am 14.08.2020

[45] Vgl. Dölling, I.: Professionalisierung, Organisation, Geschlecht, Originalausgabe, Heidelberg 1997, S. 17

hergeben, können sie keine Führungsposition besetzen. Seit langer Zeit ist zu beobachten, dass Eigenschaften wie Zielstrebigkeit, Wettbewerbsbewusstsein, Fähigkeiten der Entscheidungen sowie Qualitäten zur Führung und Objektivität zum Bestandteil der männlichen Stereotype geworden sind. Frauen hingegen, die diese nicht besitzen, wurden Zärtlichkeit, Taktgefühl und Empathie zugeschrieben. Daher fehlen ihnen die Eigenschaften der Männer.[46] Baier, Klages, Schäfers und Tenbruck z. B. sind sich einig, dass Frauen emotionaler, fürsorglicher, zärtlich und nicht so aggressiv sind wie Männer. Frauen sind weniger machtorientiert, aber sie sind auch ängstlich und verlieren an Selbstbewusstsein. Dadurch, dass die Frauen den Haushalt übernehmen, grenzen sie sich von der Außenwelt aus, weil sie eingeengt und abhängig sind. Diese Eigenschaften wie Empathie passen demnach nicht zu den von den Unternehmen geforderten Eigenschaften einer Führungsperson, die konkret planen, organisieren und verwalten muss und vor allem Konflikte durchsetzen muss, Frauen möchten lieber Konflikte vermeiden.[47]

3.4 Mythen um die Frau als Führungsperson

Die Aussage „Frauen verkörpern ein erhöhtes Kostenrisiko" ist vermehrt zu hören. Tatsächlich ist die Anzahl der Fluktuation bei Frauen höher als bei den Männern. Wenn eine Frau Mutter wird, verringert sich ihr Einsatz bei der Arbeit bzw. muss sie den Beruf beenden, um sich auf die Erziehung zu konzentrieren. Dies hat Auswirkungen darauf, dass Frauen nicht in teure Positionen, wie beispielsweise die Führungsposition besetzen, sondern eine Stelle belegen, die keine so große finanzielle Last für den Arbeitgeber ist.[48]

Frauen wird die familienbedingte Fluktuation unterstellt, weil sie aufgrund ihrer biologischen Fähigkeiten Kinder zeugen können und damit automatisch teurer sind, als die anderen Mitarbeiter, die keine Kinder kriegen könnten. Die Thesen werden aufgestellt, obwohl Frauen, die auf der Karriereleiter auf dem Weg ins Management gelangen möchten, oft kinderlos sind oder eine Vereinigung mit der Erziehungsarbeit und Erwerbsarbeit haben, weil sie Unterstützung bekommen. Dieser Mythos besteht, weil Frauen nicht zugetraut wird, dass sie mit der Kombination

---

[46] Vgl. Ernst, S.: Geschlechterverhältnisse und Führungspositionen, Originalausgabe, Opladen 1999, S. 54f.
[47] Vgl. Meyer, H.: Emanzipation von der Männlichkeit, Originalausgabe, Stuttgart 1993, S. 63
[48] Vgl. o. V.: Zentrum für Management und Personalberatung - Die großen Mythen über Frauen und Führung – und was wirklich dran ist unter: https://www.zfm-bonn.de/blog/frauen-und-fuehrung-noch-immer-die-ausnahme-teil-2/, Aufruf am 14.08.2020

von Beruf und Familie fertig werden und die Mitarbeiter/innen ohne Familienarbeit engagierter sind. Diese Behauptung führt dazu, dass Verhaltensweisen von einzelnen gleich auf ganze Gruppen übermittelt werden, wodurch Menschen ungleich behandelt werden. Das heißt, die Fluktuation der Vorgängerin, hat zu falschen Hoffnungen des Arbeitgebers geführt, was wiederum dazu führen wird, dass das Vorurteil gegeben ist und anderen Frauen die Chance auf diese Stelle entgeht.[49]

Mutter zu sein, hat über den Zeitverlauf keine Auswirkungen auf das Erreichen einer höheren Position. Unternehmen, die vorausschauend denken, haben größere Erfolgsaussichten, weibliche Führungskräfte voranzutreiben. Forscher einer Untersuchung finden es daher wichtig, dass Führungspersonen junge Frauen dazu motivieren, größere Aussichten im Bezug auf ihre Zukunft zu haben und die Vereinbarung von Kind und Beruf kein Hindernis ihrer Chancen sein sollte.[50] Den meisten Partner sind sich von vorne rein bewusst, dass die Mutter die Person sein wird, die nach der Geburt des Kindes eine Erwerbspause einlegt und nicht der Mann. Dafür gibt es auch Gründe, dass es in der ersten Zeit nach der Geburt des Kindes die Mutter sein soll, z. B. der Wunsch nach Nähe und Wärme des Kindes, während es gestillt wird.[51] Laut Howel besteht ein weiterer Mythos darin, dass Männer Angst vor der Frau im Management hätten. Theorien und Forschungen zu folge, haben Männer Einwände und Angst vor Frauen im Management.[52] Laut des Psychologen lehnen Männer Frauen als Führungsperson bereits im Unterbewusstsein ab. Untersuchungen zufolge sollen Männer Angst vor starken Frauen haben und möchten sich nicht mit dem Gedanken anfreunden, dass eine Frau „über" ihnen steht in der Hierarchie und dadurch mehr Macht besitzt. Dieses Dominanzgefüge befindet sich nämlich im Schattenkind des Mannes und hebt alte Erfahrungen aus der Kindheit hervor, wo es die Mutter war, die über das Kind dominiert hat. Die Verhaltensmerkmale eines Menschen werden durch seine Erlebnisse in den ersten fünf Lebensjahren bestimmt. Diese Erinnerungen aus der Kindheit projizieren die meisten Männer mit Erfahrungen mit der Mutter auf die weibliche Vorgesetzte.

---

[49] Vgl. Heidrun Friedel-Howe, H.: Frauen und Führung: Mythen und Fakten, Stuttgart 2003, S. 537
[50] Vgl. Bücker, T.: Edition F – Frauen fördern andere Frauen nicht und wollen gar nicht führen? Diese und weitere Vorurteile über Frauen im Beruf widerlegt eine neue Studie - 5 Mythen über Frauen und Karriere, vom 15.07.2020 unter:
https://editionf.com/fuenf-mythen-ueber-frauen-karriere/, Aufruf am 15.08.2020
[51] Vgl. o. V.: a. a. O.
[52] Vgl. Friedel-Howe, H.: a. a. O., S. 540

Daraus können schlimme Folgen für das Unternehmensklima entstehen, weil die Männer beginnen, gegen die weibliche Führungsperson zu rebellieren und ablehnen.[53] Laut Howel gibt es zu dem Mythos, dass Männer Angst vor Frauen in der Führungsposition hätten, keine eindeutigen Beweise. Dennoch wurden Ergebnisse erforscht, die aufzeigen, dass es eher am Ego des Mannes liegt, dass die Frau die Führungsposition ablehnt, weil der Mann die Auseinandersetzung der weiblichen Kompetenz und Emotionalität ablehnt. Mehrere Untersuchungen unterschreiben diese These. Die männliche Identität der Persönlichkeit des Mannes fühlt sich bedroht, wenn die Führungsperson eine Frau ist, weil die Frau somit mehr Einkommen hätte als das andere Geschlecht und die Unterordnung die männliche Persönlichkeit damit betreffen würde. Eine weitere Abneigung der Männer bezüglich der Frau als Führungsperson ist die „weibliche Emotionalität", die die Frau angeblich mit sich bringt. Dies würde für die Männer eine persönlichere Nähe bedeuten und erfordert mehr Reaktion.[54] Ein weiterer Mythos besagt, dass Frauen nicht in die Führungsposition steigen möchten, was nicht der vollständigen Wahrheit entspricht. Es stimmt, dass sie Scheue davor haben, aber durchaus gerne die Führung des Unternehmens übernehmen wollen würden. Es geht vielmehr um die Hürden auf dem Weg dahin. Viel größer als die Vorteile des höheren Verdienstes oder Handlungsspielraumes sind die Nachteile, die die männliche Konkurrenz mit sich bringt, denn diese hindert die weibliche Führungsperson an einen normalen Berufsalltag.[55]

Eine weitere Studie gibt vor, dass Frauen im Gegensatz zu den Männern bei allen Untersuchungen eine auffällige Vermeidungskomponente aufzeigten. Dies bedeutet, dass Frauen die Befürchtung haben, die Kontrolle zu verlieren, von anderen abgelehnt werden und Angst davor haben, als Führungsperson zu versagen.[56]

---

[53] Vgl. Franke, M.: Fach- und Führungskräfte – Frauenquote: Männer wollen nicht von Frauen geführt werden unter: https://arbeits-abc.de/maenner-kaempfen-gegen-frauen-in-fuehrungspositionen/, Aufruf am 16.08.2020
[54] Vgl. Friedel-Howe, H.: a. a. O., S. 540f.
[55] Vgl. o. V.: Xing – Warum Frauen nicht Manager werden wollen und die Frauenquote keine Lösung ist, vom 12.12.2017 unter: https://coaches.xing.com/magazin/warum-frauen-nicht-manager-werden-wollen-und-die-frauenquote-keine-loesung-ist, Aufruf am 16.08.2020
[56] Vgl. o. V.: Society for Digital & Social Transformation – Wieso Frauen der Generation Y weniger führen wollen als Männer unter: https://18teskamel.de/en/odo-magazin/odo-magazin-artikel/wieso-frauen-der-generation-y-weniger-fuhren-wollen-als-manner/, Aufruf am 16.08.2020

3.5 Geschlechterspezifische Führungsstile

Mythen und Stereotypen zur Folge sollen Männer aufgrund ihres Durchsetzungsvermögens die besseren Führungspersonen sein, die Frauen hingegen werden als zu emotional und weich für solch eine Position angesehen. Den Frauen wird immer wieder unterstellt, dass sie nicht selbstbewusst genug sind, um eine Führungsperson zu werden. Organisationen ruhen sich oft auf diese Aussagen aus, und stellen öfter Männer ein als Frauen, obwohl Studien zu Folge, eine Gleichberechtigung zum wirtschaftlichen Unternehmenserfolg führen.

Da es trotz der ganzen Studien und widerlegten Mythen immer noch Gender Gaps und Geschlechterungleichheiten gibt, wird im Folgenden untersucht, ob die Auswahl eines bestimmten Führungsstils im Bezug auf das Geschlecht ein Lösungsweg erzeugen würde und die Charaktereigenschaften der stereotypischen emotionalen Frauen und die des stereotypischen durchsetzungskräftigen Manns und die bestimmten Führungsstile miteinander übereinstimmen.

Viele Unternehmen sind trotz der Beweise dafür, dass die Gleichstellung von Mann und Frau als Führungsperson zu höheren Gewinnen und größeren Wettbewerbsvorteilen nicht überzeugt.[57] Laut dem Professor Heather Hofmeister von der Goethe-Universität in Frankfurt, der zum Thema „Gender in Leadership" geforscht hat, ist jeder Mensch individuell und hat einen anderen Führungsstil. Frauen neigen zum Transformationalen - und Männer zum Transaktionalen Führungsstil.[58] Weitere Studien belegen, dass es keinen direkten geschlechtsspezifischen Führungsstil gibt, aber Frauen sich nachweislich mehr darauf Konzentrieren, ihre Mitarbeiter/innen zu unterstützen und zu ermutigen, die auf zwei zentrale Punkte des transformationalen Führungsstils zurückzuführen sind. Der transformationale Führungsstil wird insbesondere dadurch gekennzeichnet, dass die Mitarbeiter/innen von der Führungsperson ermutigt werden und durch eine große Vertrauensbasis und Respekt dazu angeregt werden, durch ihre Kreativität Probleme zu lösen

---

[57] Vgl. Baird, C.; Heller, K.; Peluso, M.; Townes, L.:Institute for Business Value – Frauen, Führungspositionen und das Paradoxon der Prioritäten unter: https://www.ibm.com/downloads/cas/VGQRDVEY, Aufruf am 19.08.2020,

[58] Vgl. o. V.: Audimax - Haben Frauen einen anderen Führungsstil? unter: https://www.audimax.de/arbeitsleben/gleichberechtigung-im-job/haben-frauen-einen-anderen-fuehrungsstil/, Aufruf am 10.09.2020

und sich permanent weiterentwickeln.[59] Einer Studie zufolge sollen Frauen in Führungspositionen ihre Mitarbeiter/innen über künftige Entscheidungen informieren und tauschen sich mit ihren Mitarbeiter/innen über diese aus.[60] Mehrere Wissenschaftler sind entschlossen, dass der transformationale Führungsstil den weiblichen Führungspersonen zugeordnet ist. Doch wie wirkt sich der weibliche transformationale und männliche transaktionale Führungsstil auf den unternehmerischen Erfolg aus?

Der transaktionale Führungsstil dient dem Unternehmenserfolg, indem die Führungsperson den Mitarbeiter/innen das unternehmerische Denken und Handeln fördert und sie dadurch ihre persönlichen Ziele erreichen können. Durch das Erreichen ihrer persönlichen Ziele und ihrer Belohnung resultiert eine große Motivation der Mitarbeitenden. Allerdings gerät die transaktionale Führung dann an ihre Grenzen, wenn das unternehmerische Handeln sich nicht mit den persönlichen Zielen der Mitarbeiter/innen übereinstimmt.[61] Im Gegensatz zum Transaktionalen Führungsstil stehen das Unternehmensziel und die Zusammenarbeit beim Transformationale Führungsstil im Vordergrund und nicht nur die eigenen Interessen, die durch das Tauschgeschäft beim Transaktionalen Führungsstil entstehen. Die emotionale Bindung zwischen der Führungsperson und den Mitarbeiter/innen ist hierbei von großer Bedeutung.[62] Bei der transaktionalen Führung werden die Mitarbeiter/innen rational und bei der transformationale Führung wird sie emotional angesprochen.[63]

Es ist zusammenzuschließen, dass Frauen aufgrund ihrer stereotypen, emotionaler und netter eingestuft werden und mehr Wert auf das zwischenmenschliche legt und die Mitarbeiter/innen durch ihre stereotypischen Charaktereigenschaften dazu motiviert, an das Gesamtwohl des Unternehmens zu denken und nicht an die Bedürfnisse des Einzelnen, was somit die Eigenschaften des transformationale

---

[59] Vgl. o. V.: Leadership Experts – Frauen in Führung – Ein Modethema oder notwendige mentale Kehrtwende für nachhaltig erfolgreiche Unternehmensführung?, 15.04.2013 unter: https://www.usp-leadership.com/de/lesbar/2013/04/Frauen-in-Fuehrung, Aufruf am 19.08.2020
[60] Vgl. Wunderer, R.: a. a. O., S. 241
[61] Vgl. Wunderer, R.: a. a. O., S. 246
[62] Vgl. o. V.: Dr. Fritz Führungskreise – Transaktionale Führung vs Transformationale Führung, vom 13.09.2016 unter: https://www.fritz.tips/transaktionale-fuehrung-vs-transformationale-fuehrung/, am 20.08.2020
[63] Vgl. Becker, F.: Mitarbeiter wirksam motivieren Mitarbeitermotivation mit der Macht der Psychologie, Originalausgabe, Berlin 2019, S. 82

Führungsstils, mit den Eigenschaften der stereotypischen Frauen zu einem Nenner kommen lässt. Der transaktionale stereotypische männliche Führungsstil dagegen erschließt sich daraus, dass die Mitarbeiter/innen durch ihre Eigeninteressen dazu tendieren, die Unternehmensziele zu erreichen. Beim Transaktionalen Führungsstil, der überwiegend den Männern zugeordnet ist, werden die Entscheidungen von der Führungsperson getroffen und gegen Belohnung von den Mitarbeiter/innen befolgt. Dies ist auf die stereotypische männliche Charaktereigenschaft des Durchsetzungsvermögens zurückzuführen. Beim weiblichen transformationalen Führungsstil dagegen werden alle Entscheidungen gemeinsam getroffen, weil die Mitarbeiter/innen eingebunden werden und Mitspracherecht haben.

4 Machtverhältnis zwischen Führungspersonen und Mitarbeiter/innen

4.1 Machtverhältnis innerhalb Organisationsstrukturen

„Macht bedeutet jede Chance, innerhalb einer sozialen Beziehung den eigenen Willen auch gegen Widerstreben durchzusetzen, gleichviel worauf diese Chance beruht."[64] Macht kann von einer Person, einer Gruppe, einer Organisation bzw. dem Staat oder von einer Struktur verübt werden. Es wird unterschieden zwischen der persönlichen, sozialen und Machtstrukturen unterschieden. Je nach Entwicklung besitzen alle Gesellschaften über unterschiedliche Machtpositionen.

Das Machtverhältnis beschreibt ein Austauschverhältnis zweier Parteien, bei dem eine Partei über mehr Macht und die andere Partei über weniger Macht verfügt und Einfluss nehmen kann.[65]

Führung und Macht stehen in Verbindung. Es kommt darauf an, wie die Führungsperson mit Macht umgeht, denn dies hat Auswirkungen auf die Zusammenarbeit und Resultate. Macht verursacht Probleme. Die Teamarbeit in Unternehmen verlangt Koordination, was bedeutet, dass die Organisationsmitglieder sich zusammenschließen und die Aktivitäten der Arbeit teilen.[66] Macht auszuüben, hat Folgen für den Führungsstil.

Wenn eine Vorgesetzte Person auf Gehorsamkeit besteht, kontrollsüchtig ist und die Mitarbeiter/innen bestraft, verscheucht die Person das Personal und wird Schwierigkeiten dabei bekommen, qualifiziertes Personal zu finden. Mitarbeiter/innen heutzutage erwarten einen modernen Führungsstil, der mit Empathie ausgesetzt ist. Die Mitarbeiter/innen von heute erwarten Handlungsspielraum und wollen bei Entscheidungen mitwirken.[67] Da es sich bei der Macht um ein

---

[64] Vgl. Weber, M.: Wirtschaft und Gesellschaft: Grundriß der verstehenden Soziologie, 5. Auflage, Tübingen 1972, S. 28

[65] Vgl. o. V.: Bundeszentrale für politische Bildung – Macht unter: https://www.bpb.de/nachschlagen/lexika/politiklexikon/17812/macht, Aufruf am 21.08.2020

[66] Vgl. Scholl, W.: Artop – Institut an der Humboldt Universität Berlin, vom 25.02.2014 unter: https://www.artop.de/fuehrung-und-macht-warum-einflussnahme-erfolgreicher-ist/, Aufruf am 21.08.2020

[67] Vgl. Hockling, S.: Zeit Online – Chefs brauchen Macht, vom 01.09.2014 unter: https://www.zeit.de/karriere/beruf/2014-08/macht-chef-verantwortung, Aufruf am 21.08.2020

allgemeines Phänomen sozialer Gemeinschaften handelt, bleibt es eine permanente politische und soziale Aufgabe, den Machtmissbrauch zu verhindern.[68]

Obwohl das Phänomen der Macht in Organisationen ein entscheidendes Thema ist, hat sich die Organisationsforschung nur im geringen Maße mit diesem Thema auseinandergesetzt, weil das Kommunizieren über Macht ein Tabuthema ist. Die meisten Organisationen verfügen über eine Person, die Macht über andere Personen hat und diese kontrolliert. Die vorgesetzte Person, die Macht hat, trifft alle Entscheidungen über die Mitarbeiter/innen im Unternehmen. Obwohl Mitarbeiter/innen auch ohne hierarchisch geführte Unternehmen und mit der Ausübung von Macht geführt werden, verfügen sie Informationen über organisatorische Abläufe, die nötig sind. Das Machtverhältnis von Führungspersonen zu Arbeitnehmer/innen führt innerhalb einer Organisation zu Ungleichheiten und Machtkämpfen.[69]

„Macht ist also eine Erwartungsstruktur, die in den Köpfen der Beteiligten entsteht. Dabei ist das Drohpotenzial der Gewaltanwendung immer der Letztbezugspunkt der Machtausübung."[70]

Die Machtausübung hat verschiedene Facetten, die sachliche Ebene, bei der Macht durch Wissen und den Umgang mit Informationen ausgeübt wird und die Beziehungsebene, wo sich die Mitarbeiter/innen in eine Abhängigkeitsposition bringen und diese von den Führungspersonen, die Macht über Belohnung, Bestrafung oder Zwang besitzen, ausgenutzt. Zum Anderen gibt es noch die persönliche Ebene, wo die Person in der Machtposition die Macht durch Status und Ansehen genießt.[71] Laut Emerson besteht zwischen Tausch und Macht ein großer Zusammenhang, denn Macht wird als Abhängigkeit assoziiert. Person A verfügt über die Macht von Person B, wenn Person B sich in einer Abhängigkeit zu Person A befindet, während Person A aber umgekehrt nicht abhängig von Person B ist. Durch die Abhängigkeit resultiert ein Ressourcenbedarf der Mitarbeiter/innen einer Organisation. Um so wichtiger die bestimmten Ressourcen sind, die von Person A kontrolliert werden, desto größer ist die Abhängigkeit von Person B gegenüber Person A und so

---

[68] Vgl. o. V.: Bundeszentrale für politische Bildung – Macht unter: https://www.bpb.de/nachschlagen/lexika/politiklexikon/17812/macht, Aufruf am 21.08.2020

[69] Vgl. Ameln, F. von, Heintel, P.: Macht in Organisationen, 2. Auflage, Wiesbaden 2012, S. 117

[70] Vgl. Ameln, F. von; Heintel, P.: Macht in Organisationen, Stuttgart 2016, S. 3

[71] Vgl. Jäger, R.: Wie Führungskräfte ihre Macht im Unternehmen gebrauchen sollen, S. 1 unter: http://www.rolandjaeger.de/Artikel/2009/09-04-01-BBl-Betriebsw.%20Bl%C3%A4tter-Wie%20FK%20ihre%20Macht%20im%20Unternehmen%20gebrauchen%20sollen-141.pdf, Aufruf am 12.09.2020

abhängiger Person B von Person A ist, desto mehr Macht hat Person A.[72] Machtpersonen einer Organisation, die handeln, um ihre Bedürfnisse durchzusetzen, bilden Gruppierungen, die zweckorientiert und emotional handeln, wodurch Machtkämpfe entstehen.[73]

4.2 Spiral Dynamics in Organisationen

Mit Spiral Dynamics, wird ein beträchtliches Modell verstanden, das dazu dient, die Entwicklung einer Organisation einzuschätzen. Es wurde entwickelt, um die verschiedenen Werte von Menschen zu definieren und diese gegenüberzustellen. Das Modell beschreibt die Werte und Einstellungen der Menschen in der heutigen Gesellschaft. Es dient zur Analyse und Entwicklung von Potenzialen in Unternehmen und Organisationen. Kompetenzen, Werte und Bewusstseinsentwicklungen der Menschen werden in verschiedene Ebenen eingestuft. Spiral Dynamics wird von Unternehmen benutzt, um den Ist-Zustand eines menschlichen Systems zu erkennen und dient zur strategischen Weiterentwicklung. Kompetenzen und bestehende Blockaden der Mitarbeiter/innen sind durch dieses Modell einzuschätzen sowie die Einstellung der Mitarbeiter/innen gegenüber der Führung im Bezug auf die Entscheidungsfindung sowie andere Werte.[74]

Spiral Dynamics beschreibt eine Entwicklungstheorie, die das Gesamtbild der vergangenen, aktuellen und zukünftigen Entwicklung der Menschheit darbietet. Don Edward Beck und Cristopher C. Cowan beschreiben mit diesem Modell die Entwicklungsgeschichte menschlicher Organisationen bzw. die Evolution menschlicher Organisationsformen.[75]

In der folgenden Abbildung 3 werden die acht Wertesysteme des Spiral Dynamic Wertemodells dargestellt.

---

[72] Vgl. Martin, A.: Organizational Behavior – Verhalten in Organisationen, 2003 unter: https://www.uni-due.de/apo/Macht, Aufruf am 12.09.2020
[73] Vgl. Volmerg, B.: Nach allen Regeln der Kunst ‚Originalausgabe, Freiburg 1995, S. 127
[74] Vgl. o. V.: Teamentwicklung Lab – 8+ spiral Dynamics Ebenen unter: https://teamentwicklung-lab.de/spiral-dynamics, Aufruf am 10.09.2020
[75] Vgl. Oesterich, B.: next u – Evolution menschlicher Organisationsformen – auf dem Weg zu Türkis, vom 18.03.2016 unter: https://next-u.de/2016/evolution-menschlicher-organisationsformen/, Aufruf am 10.09.2020

Die Wertesysteme, die von Clare Graves, Don Beck und Christopher Cowan definiert werden, werden in acht verschiedene Wertesysteme unterteilt und werden jeweils durch eine Farbe gekennzeichnet und „VMeme.Stufen" genannt.[76]

Abbildung 3: Wertesysteme Spiral Dynamics

Zunächst wird untersucht, die Wertesysteme den Führungsstilen angepasst sind bzw. wie Führungspersonen und Mitarbeiter/innen miteinander agieren und inwiefern Hierarchien entstehen, wodurch das Machtverhältnis klar ist. Hierbei wird auf das rote, blaue, orangene und grüne Wertesystem, auch VMEME genannt, eingegangen.

Rot VMEME: Der Mensch strebt hier nach Macht und Unabhängigkeit, ohne Rücksicht auf seine Mitarbeiter/innen zu nehmen.[77] Organisationen zeichnen sich hier durch starke Machtkämpfe um die Rangordnung aus.[78] In dieser Struktur spielen

---

[76] Vgl. o. V.: SDI Dach – Spiral Dynamics Integral http://spiraldynamics-integral.de/ueber-sdi/, Aufruf am 10.09.2020

[77] Vgl. o. V.: Spiral Dynamics – Werte und Wandel unter: https://gerstbach-businessanalyse.com/blog/2013/09/spiral-dynamics-werte-und-wandel/, Aufruf am 10.09.2020

[78] Vgl. Grätsch S., Knebel, K.: Berliner Team – Das Spiral Dynamics Wertemodell: Was Menschen wirklich wichtig ist, vom 04.06.2017 unter:https://www.berlinerteam.de/magazin/das-spiral-dynamics-wertemodell-was-menschen-wirklich-wichtig-ist/, Aufruf am 11.09.2020

das Selbstbewusstsein und die Individualität eine große Rolle. Die Führungsperson ist mächtiger als die Mitarbeiter/innen und übt physische Gewalt aus, indem die mächtige Führungsperson sich durchsetzt und die Mitarbeiter/innen dienen. Die Bedürfnisbefriedigung des Führenden hat die oberste Priorität. Bedürfnisse und Interessen der Mitarbeiter/innen bleiben unberücksichtigt. Weder Schuld noch Moral sind hierbei wichtig. Wichtiger ist es, den eignen Willen durchzusetzen und die Macht zu genießen.79 Die rote Struktur ist dem stereotyp nach, ein Führungsstil für das stereotypische männliche Geschlecht, weil dieser stereotypische männliche Eigenschaften voraussetzt. Hier herrscht ein Machtverhältnis der Führungsperson und der Mitarbeitenden, die durch Durchsetzungsvermögen und Selbstbewusstsein in Kraft tritt.

Blau VMEME: Im Struktursystem herrschen Regeln und Gesetze. In dieser Stufe wird nach klaren Strukturen agiert. Jeder kennt seine Zuständigkeiten und arbeitet danach.[80] In dieser Struktur sind die untergeordneten der Organisationsstruktur auf der Suche nach Bestimmung und widmen ihr Leben und möchten Dienste für eine Autorität leisten. Stabilität wird durch die Ordnung, Struktur und Gesetze, wodurch die blaue Struktur ausgezeichnet ist, erreicht. Die untergeordnete Person, die sich mit dieser Struktur identifizieren, legen wert auf Disziplin und sind gehorsam und wissen, dass ihre Tätigkeiten Konsequenzen haben können. Deshalb sind Personen, dieser Hierarchieebene bereit, für Dinge belohnt oder bestraft zu werden, und besitzen Schuldgefühle.[81] Die blaue Struktur ist vergleichbar mit dem stereotypisch männlichen transaktionalen Führungsstil, der sich dadurch auszeichnet, dass die Führungsperson ihre Mitarbeiter/innen je nach Leistung belohnt oder bestraft. Es herrscht ein Machtverhältnis zwischen der Führungsperson und den Mitarbeitenden. Die blaue Struktur hat klare Regeln und richtet sich nach dem System nicht nach den Personen. Hier wird Dienst nach Vorschrift geleistet.

Orange VMEME: Das orangefarbene Wertesystem wird oft in Organisationen, die leistungsorientierte Hierarchien haben. Diese Unternehmen sind sehr auf Kunden spezialisiert. Es herrscht ein interner Machtkampf zwischen den Mitarbeiter/innen innerhalb der Organisation. Hier herrscht mehr Unternehmertum, das

---

[79] Vgl. o. V.: Spiral Dynamics – Egozentrische, Ausbeuterische Existenz (rot) „Ich" unter: http://spiraldynamics-integral.de/wertesysteme/rot-3/, Aufruf am 11.09.2020

[81] Vgl. o. V.: Spiral Dynamics – Werte und Wandel - Absolutistische, moralistische Existenz (Blau) „Wir" unter: https://gerstbach-businessanalyse.com/blog/2013/09/spiral-dynamics-werte-und-wandel/, Aufruf am 11.09.2020

Handeln und Denken ist hier langfristig angesetzt.[82] In dieser Ebene wird nach materieller Zufriedenheit und Wohlstand gestrebt. Autonomie und strategisches Denken und Handeln. Der materielle Erfolg motiviert die Menschen dieser Ebene, dazu zielorientiert zu handeln.[83]

Grün VMEME: Bei dem grünen Wertesystem spielt das Mitgefühl, den anderen gegenüber eine große Rolle, denn das Wohl des Kollektivs steht im Vordergrund. Kooperation hat eine größere Priorität als der Wettbewerb. Das Wichtigste ist, dass jeder sich wohlfühlt, in dem, was er tut. Eigene Bedürfnisse werden zurückgestellt, wenn diese nicht mit denen der anderen übereinstimmen.[84] Organisationen dieser Stufe ersetzen hierarchische Strukturen durch flache Hierarchien und Teamstrukturen. Hier erhält nicht nur die einzelne Person eine Provision, sondern das Kollektiv, das gemeinsam mitbestimmt und sich beteiligt hat.[85] In der grünen Struktur werden Leistungen des Einzelnen individuell anerkannt.[86] Auf dieser Ebene kümmert sich die Person zwar um sich selbst, doch genau so wichtig ist das Pflegen der Beziehung mit den anderen, um gemeinsam als Kollektiv zu wachsen. Die Gefühle der Anderen werden beachtet. Jeder Mensch wird akzeptiert. Alle Menschen werden als Gleich betrachtet, insofern wird hier alles mit jedem geteilt. Menschen sind verschieden, was in dieser Stufe akzeptiert und geschätzt wird.[87] Das ist ein Führungsstil, der stereotypisch weiblich ist. Er ist mit dem transformationalen Führungsstil gleichzustellen. Beim Transformationalen Führungsstil, der sich durch eine flache Hierarchie auszeichnet, steht das Wohl der Mitarbeiter/innen im

---

[82] Vgl. Grätsch S., Knebel, K.: Berliner Team – Das Spiral Dynamics Wertemodell: Was Menschen wirklich wichtig ist, vom 04.06.2017 unter: https://www.berlinerteam.de/magazin/das-spiral-dynamics-wertemodell-was-menschen-wirklich-wichtig-ist/, Aufruf am 11.09.2020

[83] Vgl. o. V.: Sprial Dynamics Integral – Materialistische, forschrittsorientierte Existenz (orange) „Ich" unter: http://spiraldynamics-integral.de/wertesysteme/orange-3/, Aufruf am 12.09.2020

[84] Vgl. o. V.: Sein. Und Wirken. – Entwicklung für Menschen und Organisationen http://www.sein-und-wirken.de/g/node/197, Aufruf am 13.09.2020

[85] Vgl. Grätsch, S., Knebel, K.: Berliner Team – Das Spiral Dynamics Wertemodell: Was Menschen wirklich wichtig ist, vom 04.06.2017 unter: https://www.berlinerteam.de/magazin/das-spiral-dynamics-wertemodell-was-menschen-wirklich-wichtig-ist/, Aufruf am 11.09.2020

[86] Vgl. Hofert, S.: Svenja Hofert – Kolumnen zu Karriere, Führung und Entwicklung- Spiral Dynamics und Karriere: Warum Werte uns mehr antreiben als wir denken, vom 17.06.2012 unter: https://karriereblog.svenja-hofert.de/karriereundberuf/sind-sie-noch-gruen-oder-schon-gelb-was-spiral-dynamics-mit-beruf-und-karriere-zu-tun-haben/, Aufruf am 13.09.2020

[87] Vgl. o. V.: Spital Dynamics Integral – Soziozentrisch, humanistische Existenz (Grün) „Wir" http://spiraldynamics-integral.de/wertesysteme/gruen/, Aufruf am 13.09.2020

Vordergrund. Es besteht kein Machtverhältnis zwischen der stereotypischen emotionalen weiblichen Führungsperson und ihre Mitarbeitenden.

Spiral Dynamics zeichnet sich nicht nur in der Entwicklung der Menschen aus, sondern auch in den Berufen. Es zeigt auf, wie Führungspersonen und Mitarbeiter/innen miteinander agieren. Durch die Hierarchien lässt sich das Machtverhältnis von Führungspersonen zu Arbeitnehmer/innen gut erklären. Durch Spiral Dynamics wird kenntlich gemacht, welches Machtsystem angewendet wird. Hierbei wird bestimmt, welche Personen auf einer bestimmten Wertestufe sind. Im folgenden Abschnitt wird untersucht, wie es zu einem Machtverhältnis durch einen bestimmten Führungsstil kommt und warum Mitarbeiter/innen der Führungsperson diese Macht überhaupt geben. Sind Mitarbeitende demotiviert und erledigen ihren Job nur, weil sie müssen? Ist dies der Grund dafür, dass die Mitarbeiter/innen in die Abhängigkeit rutschen und der Führungsperson Macht überlassen? Im folgenden Abschnitt wird zunächst der psychologische Begriff der Motivation erläutert. Anschließend wird das neurobiologische Motivationssystem beschrieben, das verdeutlicht, warum Menschen motiviert werden müssen, um Leistung zu bringen. Hierbei wird untersucht, welchen Einfluss das Machtverhältnis einer Hierarchieorganisation auf die Motivation hat.

4.3 Psychologischer Begriff der Motivation

Die Motivation beschreibt die Richtung, die Stärke und die Ausdauer, mit der eine bestimmte Handlung umgesetzt wird. Die Ausrichtung beschreibt, warum eine Person die bestimmte Tätigkeit ausführt. Die Richtung wird durch Antriebe, Motive und den Bedürfnissen abgemessen. Die Stärke wird daran gemessen, wie intensiv sich die Person mit der Handlung auseinandersetzt, was beispielsweise durch Ehrgeiz und Willensstärke beeinflusst wird. Die Ausdauer bestimmt, ob eine bereits abgebrochene Handlung weiter durchgeführt wird.[88]

Die Psychologie der Motivation ist davon gekennzeichnet, dass gleiche Lebewesen zu unterschiedlichen Zeiten, verschiedene Verhaltensweisen haben und somit unterschiedliche Ziele anstreben. Da Ziele unterschiedlich bewertet werden, werden anhand der Motivationspsychologie die Ziele in verschiedene Klassen eingestuft. Diese Klassen werden Motive genannt, die auf unterschiedliche Bewertungen bei

---

[88] Vgl. o. V.: Motivationswelten – Motivation unter: https://www.motivationswelten.de/motivation/, Aufruf am 14.09.2020

der Bewertung des Ziels zurückzuführen sind. Motive bringen Menschen dazu, zu handeln und setzen eine Zielsetzung voraus.[89] Ein weiterer Bestandteil der Motivationspsychologie besteht darin, dass Menschen Tätigkeiten ausführen, die sie als lustvoll empfinden und unmotiviert sind, wenn ihre Tätigkeiten als unlustvoll empfinden werden.[90] Es wird psychologisch zwischen der intrinsischen und extrinsischen Motivation unterschieden. Die intrinsische Motivation beschreibt die Motivation, die aus einer Tätigkeit selbst eintritt, weil diese als wichtig festgestellt wird und die Person Entscheidungsfreiheiten besitzt. Die extrinsische Motivation wird durch Ergebnisse eines Verhaltens bestimmt, die durch Konsequenzen von Außen wie Belohnungen oder Strafen sowie Lob und Aufmerksamkeit zusammenschließt. Im Gegensatz zu der intrinsischen Motivation wird das Verhalten bei der extrinsischen Motivation nicht durch eine Person selbst bestimmt, sondern von außerhalb.[91] Arbeitnehmer/innen werden dadurch motiviert, dass sie sich mit der Führungsperson identifizieren können. Wenn die Mitarbeiter/innen sich mit der Führungsperson identifizieren können, führt dies zur Eigenmotivation. Es ist nur möglich, eine Motivation zu schaffen, wenn Menschen sich mit der Unternehmensumgebung identifizieren können.[92]

Wenn die Identifikation nicht mehr gegeben ist, führt das dazu, dass die Mitarbeiter/innen sich nicht mehr wohlfühlen, weil diese sich weder mit der Struktur noch mit dem Führungsstil identifizieren kann.

4.4 Neurobiologisches Motivationssystem

Es gibt eine Entdeckung des neurobiologischen Motivationssystems, in dem Neurotransmitter wie Dopamin, Endogene Opioide und Oxytozin sich vernetzen.

Aus neurobiologischer Sicht lassen sich drei Hauptfunktionen der Motivation voneinander unterscheiden, die ein Verständnis darüber vermitteln, was in Menschen hervorgeht, wenn sie handeln oder eine Handlung unterlassen. Das Motivationssystem beschreibt aus neurobiologischer Sicht, warum Menschen das tun, was sie tun. Es wird unterschieden zwischen Typ A, Typ B und Typ C. Bei Typ A sind die

---

[89] Vgl. Schneider, K., Schmalt, H.: Motivation, 3. Auflage, Köln 2002, S. 13
[90] Vgl. Schneider, K., Schmalt, H.: a. a. O., S. 20
[91] Vgl. o. V.: WPGS – Intrinsische und extrinsische Motivation unter: https://wpgs.de/fachtexte/motivation/intrinsische-motivation-und-extrinsische-motivation/, Aufruf am 15.09.2020
[92] Vgl. Wunderer, R.: a. a. O., S. 107

Endorphine und auch das Adrenalin von Bedeutung. Hier möchte die Person Herausforderungen positiv treffen und aktiv sein. Eine besonders wichtige Rolle hierbei spielt das Dopamin (auch Glückshormon genannt), das die Motivation hervorruft. Durch das Dopamin, macht die Person, etwas mit Begeisterung, um das zu bekommen, wofür sie es tut, das heißt, dass Typ A etwas möchte und durch das Dopamin, das im Gehirn ausgeschüttet wird, motiviert ist, etwas zu tun, um dafür belohnt zu werden. Typ A verspürt Vertrauen und Hoffnung und möchte neues Wagen, indem Typ A viel Kreativität einsetzt und Ziele und Lösungen erreicht werden.[93] Wenn Typ A als Mitarbeiter/innen einer Organisation wahrnimmt, ist festzustellen, dass Typ A sehr motiviert ist und die Prozessabläufe innerhalb des Unternehmens inspiriert erledigt. Es herrscht Vertrauen und Hoffnung, in dem Fall, dass Typ A mit Mitarbeiter/innen einer Organisation verbinden würde. Dadurch strebt Typ A sowohl für sich als auch für das Kollektiv der Organisation nach Zielen. Zu vergleichen ist diese Art Mitarbeiter/innen aus dem beispielsweise geführten transaktionalen Führungsstil, der/die Arbeit leistet, um belohnt zu werden, aber insbesondere mit den Mitarbeiter/innen aus dem transformationalen Führungsstil, die für die Gesamtheit des Unternehmens arbeiten und stets motiviert sind. Festzustellen ist demnach, dass die Eigenschaften von Typ A beispielsweise anhand der starken Glücksgefühle und des Vertrauens auf die Führung einer flachen Hierarchie zurückzuführen sind und kein Machtverhältnis zwischen den Mitarbeiter/innen und der Führungsperson herrscht.

Typ B steht für Aversion, was das Vermeiden bedeutet. Das heißt, dass die Person Abstand nehmen möchte und gegebenenfalls Angst empfindet. Typ B beschreibt einen Teil des Stresssystems.[94] Bei Typ B spielt das Adrenalin eine große Rolle, wodurch Angst und Bedrohung hervorgerufen werden. Angst und das Wollen sind zwei Aspekte, die sich sehr stark voneinander abgrenzen, dennoch tut Typ B trotzdem das, was getan werden muss, weil es um die Absicherung und um das Überleben der Person geht.[95] Bei Typ B ist zusammenzuschließen, dass sich Typ in einer Angstsituation befindet und Stress vermeiden möchte. Wenn der Motivationstyp B als Mitarbeiter/innen einer Organisation assoziiert werden würde, ist festzustellen, dass Typ B in einer Organisation tätig ist, wo ein Machtverhältnis auf Grundlage eines Führungsstils herrscht, der von einer Hierarchie ausgeht. Begründet

---

[93] Vgl. Esch, T.: Der Selbstheilungscode, 5. Ausgabe, Beltz 2017, S. 75
[94] Vgl. Esch, T.: Die Neurobiologie des Glücks, 3. Auflage, Stuttgart 2017, S. 60
[95] Vgl. Esch, T. [Selbstheilungscode]: a. a. O., S. 76

wird diese These dadurch, dass Typ B aus Angst heraus den Dienst nach Vorschrift leistet, weil Typ B seinen Arbeitsplatz nicht verlieren möchte, weil er eventuell Existenzängste hat und deswegen Konflikte mit seinen Vorgesetzten vermeiden möchte und ihnen somit die Macht übergibt und ein Machtverhältnis zwischen der Führungsperson und den Mitarbeiter/innen (Typ B) herrscht. Der Führungsstil ist mit dem stereotypischen männlichen Führungsstil zu vergleichen, und zwar des transaktionalen Führungsstil, denn da herrscht Strafe bei organisatorischem Fehlverhalten. Typ C grenzt sich von Typ A und Typ B ab und steht für das „Nicht-Wollen". Typ C beschreibt den Zustand, wo alles gut ist, so wie es ist. Es beschreibt eine gewisse Bequemlichkeit der Person, die weder nach hinten noch nach vorne schauen möchte, sondern da bleiben möchte, wo sie gerade ist. Typ C beschreibt eine konstante Zufriedenheit. Bewegungsimpulse sind so gut wie keine da. Typ C ist nicht auf Belohnungen aus und basiert auf das Vertrauen, die Dankbarkeit die Zugehörigkeit und motiviert sich durch die Annäherung.[96]

Im Bezug auf eine Organisationsstruktur beschreiben die Motivationstypen, insbesondere Typ A und Typ B, aus welchem Anlass heraus, die Tätigkeit erstrebt wird und ob die Mitarbeiter/innen motiviert sind, die Arbeit auszurichten, weil sie Kreativität und Herausforderungen, wie bei Typ A beschrieben, umsetzen möchten oder weil sie Angst haben, ihren Job zu verlieren und dadurch ihre Familien nicht versorgen können und nur aus diesem Aspekt heraus motiviert sind, Geld zu verdienen oder, wie bei Typ C, die Dinge zu akzeptieren, wie diese sind, weil Typ C bequemlich ist und andere Werte hat. Typ C tut Dinge nicht, weil Typ C etwas möchte und gezielt daraufhin arbeitet, sondern legt Wert auf Zusammengehörigkeit und Vertrauen. Besonders Typ B beschreibt, wie es zu einem Machtverhältnis zwischen der Führungsperson und dem Arbeitnehmer/innen kommen kann, in dem Typ B aus Angst und Vermeidung der vorgesetzten Person Macht übergibt.

---

[96] Vgl. Esch, T. [Neurobiologie]: a. a. O., S. 60

5 Empirische Forschung

Um den theoretischen Teil in die Praxis anzuwenden, wurde in der vorliegenden Arbeit zur Erhebung für die Zielgruppe die Methodik eines Online-Fragebogens erstellt, der über soziale Medien verbreitet wurde und von 100 Teilnehmer/innen beantwortet wurde. Befragt wurden Personen im Alter zwischen 20 und 69 Jahren, die in der Regel erwerbstätig sind und repräsentativ sind. Das Durchschnittsalter der Befragten liegt bei 28 Jahren. Ziel dieser Umfrage ist es, insbesondere zu untersuchen:

- Ob in der heutigen Gesellschaft alte Denkmuster bzw. Stereotypen immer noch fest verankert sind.
- Ob durch die Vorbilder bzw. Influencer, die täglich in den Medien verfolgt werden immer noch geschlechterspezifische Rollenverteilung gen bestehen.
- Ob alte Denkmuster in der heutigen Generation immer noch an die Nachfolger weitergegeben werden.
- Wie viele Frauen und wie viele Männer der Befragten sich in Führungspositionen befinden.
- Ob Frauen aktuell (oder versuchen), Karriere trotz Familie und Haushalt zu machen.
- Wie die „unterschiedlichen" Geschlechter weibliche und männliche Führungspersonen empfinden (nett, weich oder streng und durchsetzungsstark).
- Ob ein Machtverhältnis zwischen der Führungsperson und den Arbeitnehmer/innen herrscht.
- Wünsche von Befragten im Bezug auf ihre Vorgesetzten.

Rund 100 Teilnehmer/innen haben an der Umfrage teilgenommen. Davon waren 50,5 % weiblich, 49,5 % und 0 Personen sächlich. Letzteres konnte optional angegeben werden (siehe Abbildung 4). 44 % der Befragten haben Kinder und 56 % haben keine. Diese Frage wurde explizit gestellt, um zu untersuchen, ob es Personen gibt, die es trotzdem schaffen, eine Vereinbarkeit zwischen Beruf und Familie zu haben.

Empirische Forschung

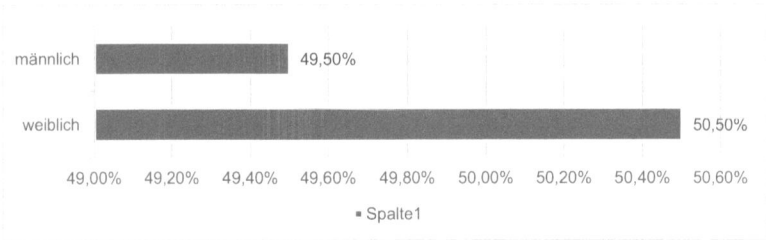

Abbildung 4: Ergebnis Frage 2 Screenshot Umfrage-Online

Rund 3 % der Befragten haben keinen Schulabschluss, ca. 49 % haben einen Schulabschluss, ca. 26 % absolvierten eine abgeschlossene Ausbildung, ca. 21 % haben einen akademischen Abschluss zwischen Bachelor und Diplom (siehe Abbildung 5).

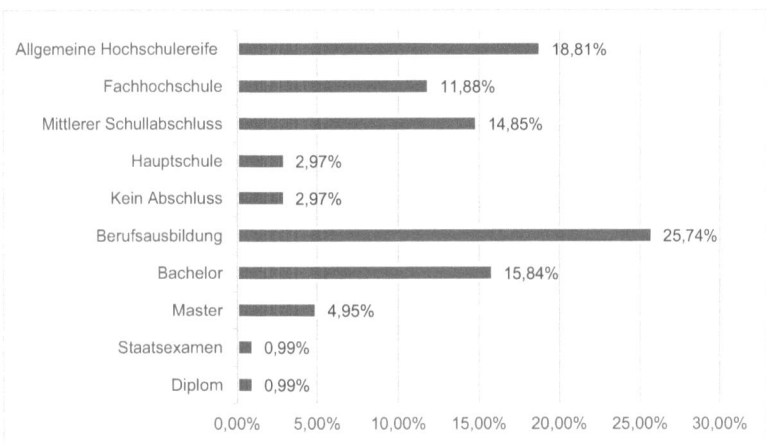

Abbildung 5: Ergebnis Frage 4 Screenshot Umfrage-Online

62 % der Befragten benutzen den Fernseher als Medium, 98 % benutzen soziale Medien, wie beispielsweise Instagram, YouTube oder Facebook, über ihr Smartphone, Computer oder anderen technischen Mitteln. 18 % lesen Zeitschriften und Magazine 2 % benutzen das Radio (siehe Abbildung 6).

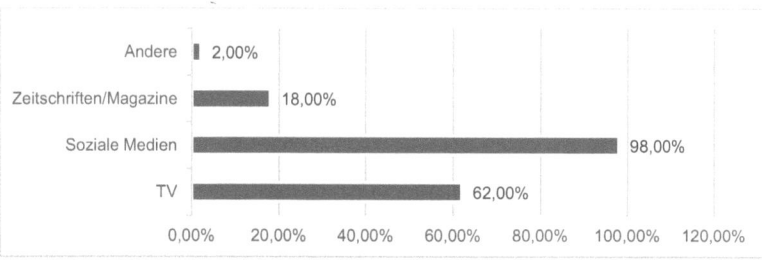

Abbildung 6: Ergebnis Frage 5 Screenshot Umfrage-Online

Auf die Frage, was von weiblichen und männlichen Influencer/innen in den sozialen Medien übermittelt wird, sind sich ca. 31 % einig, dass Frauen Tipps, wie sie durch die Vereinbarkeit von Familie, Haushalt und Beruf Karriere gemacht haben und Tipps für beruflichen Erfolg vermitteln. 10 % der Befragten gaben an, dass dies von männlichen Influencern übermittelt wird, jedoch geben 56 % an, dass männliche Influencer/innen ihren Zuschauern, Tipps für beruflichen Erfolg übermitteln möchten. 70 % der Befragten geben an, dass Frauen Tipps über Pflege und Schönheit. Bei den männlichen Influencern liegt der Anteil der Befragten bei 22 %. Weitere 22 % der Befragten gaben an, dass Frauen Tipps darüber geben, wie sie den Haushalt ausführen, gut kochen und die Kinder nebenbei beschäftigen können. 4 % gaben an, dass diese Tipps von Männern übermittelt werden, was das Problem von heute darlegt und auf alte kulturelle Muster zurückzuführen ist..Andere gaben an, dass Frauen ein falsches Schönheitsideal vermitteln, Tipps über Kleidung, Haare und Make-up weitergeben. Den prozentuale Anteil von Tipps von Frauen wird in der folgenden Abbildung 7 dargestellt und die Tipps von Männern anhand der Abbildung 8.

Empirische Forschung

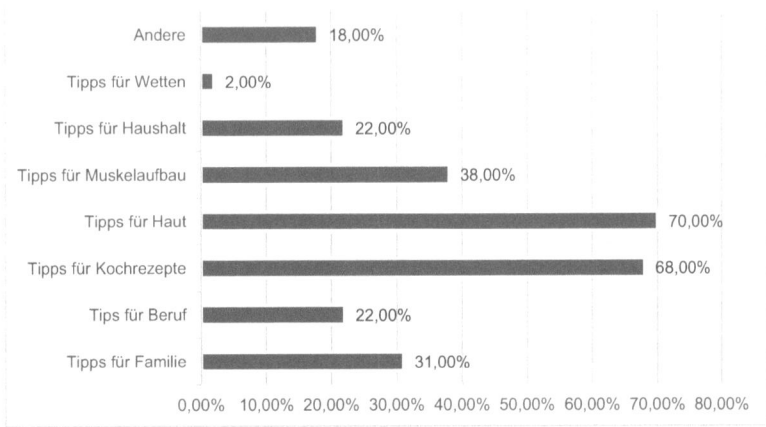

Abbildung 7: Ergebnis Frage Screenshot Umfrage-Online

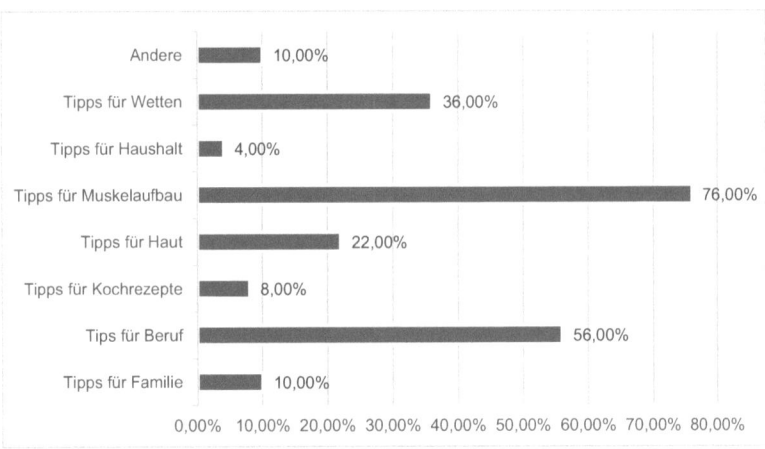

Abbildung 8: Ergebnis Frage 8 Screenshot Umfrage-Online

Allerdings sehen trotz der enorm großen Mediennutzung nur 15 % der befragten Influencer/innen bzw. YouTuber/innen als Vorbild und 85 % nicht, woraus geschlussfolgert werden kann, dass sich trotz der enorm großen Nutzung der sozialen Medien keine große Beeinflussung der Influencer/innen auf die Mediennutzer gegeben ist.

Mithilfe der nächsten Frage soll herausgefunden werden, ob Mädchen, mit „männlichen" Spielzeugen wie Aktionfiguren und Autos und Jungen mit „weiblichen" Spielzeugen wie Puppen spielen dürfen. Damit soll untersucht werden, inwiefern Stereotypen in der heutigen Gesellschaft immer noch an die Nachfolger weitergegeben werden. 56 % gaben an, dass Mädchen mit „weiblichen" Spielzeugen spielen dürfen und ca. 38 % gaben an, dass beide mit beidem spielen dürfen. 1 % der Befragten lassen Mädchen mit Autos, Aktionfiguren spielen dürfen, 53 % lassen Jungen mit „männlichen" Spielzeugen spielen und 46 % gaben kann, dass sie mit beidem einverstanden wären. Diese Resultate geben an, dass alte Denkmuster heutzutage nicht unbedingt weitergegeben und die geschlechtsspezifischen Stereotype verringert an Nachfolger weitergegeben werden.

Abbildung 9 zeigt auf, wie viele Personen in Prozent „weibliche" Kinder mit „männlichen" Spielzeugen spielen lassen würden und Abbildung 10, wie viele Personen in Prozent „männliche" Kinder mit „weiblichen Spielzeugen spielen lassen würden.

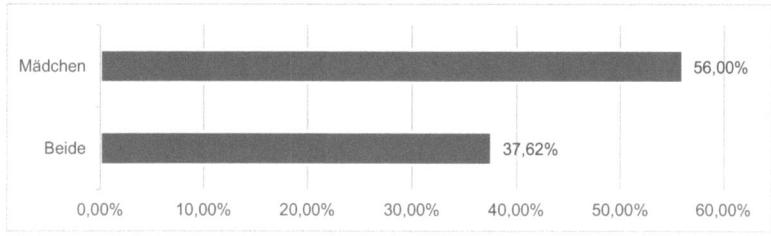

Abbildung 9: Ergebnis Frage 9 Screenshot Online-Umfrage

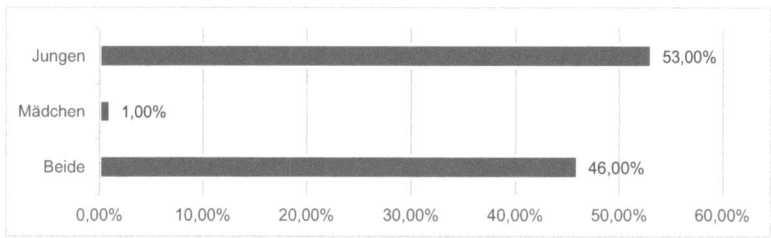

Abbildung 10: Ergebnis Frage 10 Screenshot Umfrage-Online

Des Weiteren wurden die Teilnehmer/innen gefragt, ob sie berufstätig sind. 94 % der Teilnehmer/innen sind berufstätig. Davon befinden sich 28 % in einer Führungsposition. Auf die Frage, wie Personen mit Kindern eine Vereinbarkeit zwischen Familie und Beruf abwickeln, gaben 0 Personen an, dass ihr Unternehmen eine Kinderbetreuung anbietet, 46 % gaben an, dass die Arbeitszeiten flexibel sind, 22 % nutzen die Kindertagesstätte, 14 % arbeiten vom Homeoffice aus, 16 % gaben andere Antworten, wie beispielsweise Arbeitslosigkeit, weil sie keine Vereinbarkeit zwischen Familie und Beruf haben, oder der Partner sich um Haushalt und Familie kümmert, wodurch es möglich ist, dass die Personen selbst arbeiten können (siehe Abbildung 11).

Empirische Forschung

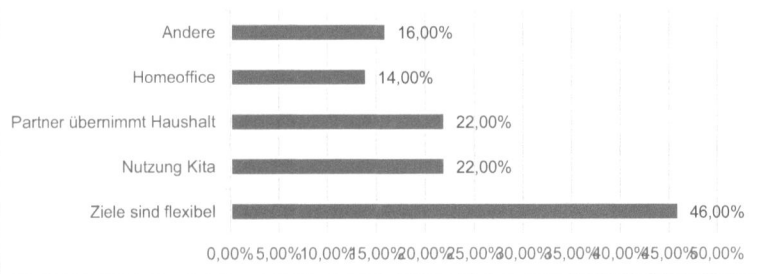

Abbildung 11: Ergebnis Frage 13 Screenshot Umfrage-Online

Rund 53 % der Befragten gaben an, dass die direkten Vorgesetzten männliche Personen sind und ca. 20 % weibliche Vorgesetzte sind und ca. 27 % haben beides in ihrem Unternehmen (siehe Abbildung 12).

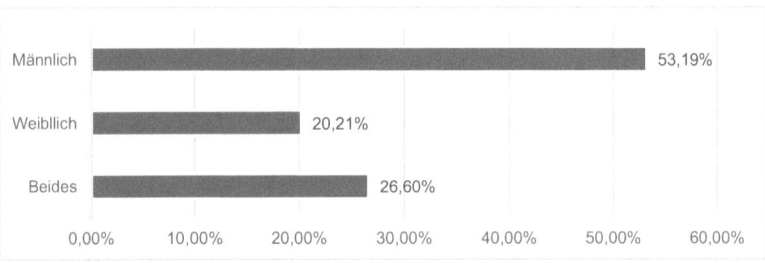

Abbildung 12: Ergebnis Frage 14 Screenshot Umfrage-Online

38 % der befragten Personen gaben an, dass die Frauenquote im Unternehmen angewandt wird. 30 % gaben an, dass sie nicht angewandt wird und weiteren 30 % ist diese nicht bekannt.

Rund 77 % der befragten Personen sind zufrieden mit ihrer vorgesetzten Person.

Weiter Personen gaben andere Grüne an wie beispielsweise, dass sie unzufrieden sind, weil keine Entscheidungsfreiheit herrscht und die vorgesetzte Person alle Entscheidungen selbstständig trifft, die Führungspersonen kein Einfühlvermögen haben und die Führungspersonen des Unternehmens zu männerüberlastet sind (siehe Abbildung 13).

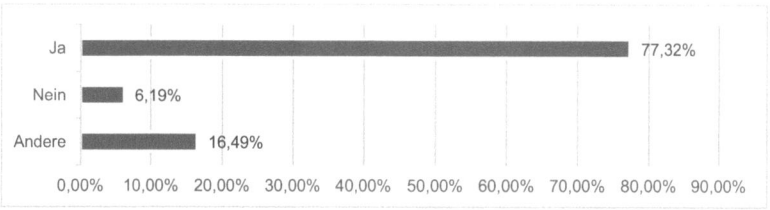

Abbildung 13: Ergebnis Frage 16 Screenshot Umfrage-Online

21 % der befragten Teilnehmer/innen sind nicht erwerbstätig. Davon gaben 5 weibliche und 2 männliche Personen an, dass der Partner sich um das Einkommen kümmert. 2 Personen gaben an, dass sie keinen qualifizierten Abschluss haben und andere gaben andere Gründe an, z. B. dass die Personen arbeitssuchend sind (siehe Abbildung 14).

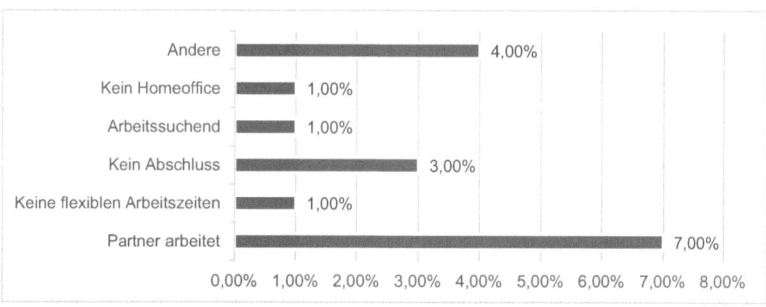

Abbildung 14: Ergebnis Frage 17 Screenshot Umfrage-Online

Auf die Frage, warum Personen die Möglichkeit hätten, eine Führungsposition zu besetzen, dies nicht tun, gaben 30 % der Befragten an, dass sie keinen Machtkampf mit Mitarbeiter/innen möchten. Davon waren 11 Personen männlich und 19 Personen weiblich, was den Mythos, der besagt, dass Frauen nicht in die Führungsposition möchten, weil sie Angst vor Machtkämpfen haben. Damit kann dem Mythos nicht vollständig zugestimmt werden, weil aus der Auswertung heraus ersichtlich wird, dass sowohl Männer und Frauen Angst vor Machtkämpfen haben und dies nicht unbedingt auf die Geschlechtsidentität zurückzuführen sein muss. Trotzdem sind es mehr Frauen, die Angst vor Machtkämpfen haben, als Männer. Andere gaben an, dass sie keine Vereinbarkeit zwischen Familie und Beruf haben oder lieber andere Interessen verfolgen (siehe Abbildung 15).

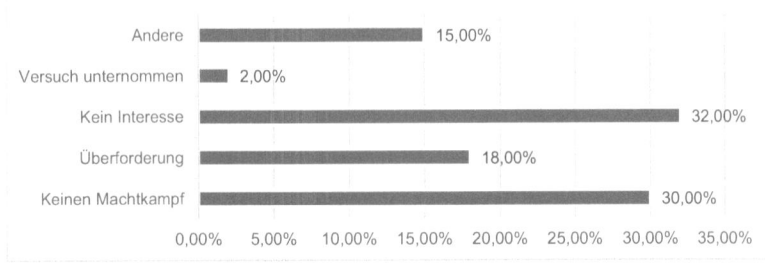

Abbildung 15: Ergebnis Frage 18 Screenshot Umfrage-Online

Auf die Frage, ob sich die Teilnehmer/innen auf Karriere oder Familie/Kinder und Beruf fokussieren, gaben von 98 Personen 15 weibliche und 5 männliche Personen an, dass der Fokus momentan auf Familie und Kinder liegt. 13 weibliche und 21 männliche Personen gaben an Karriere an. Der Rest der Teilnehmer/innen möchte sich auf beides fokussieren (siehe Abbildung 16).

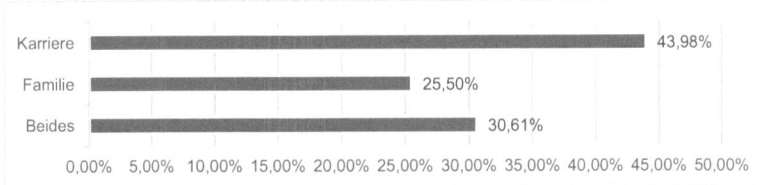

Abbildung 16: Ergebnis Frage 19 Screenshot Umfrage-Online

Rund 30 % sind der Meinung, dass flexiblere Arbeitszeiten eine Vereinbarkeit von Familie und Beruf die Anzahl erhöhen würde. Rund 25 % geben an, dass die Einrichtung eines Homeoffice dafür von Vorteil wäre. Rund 44 % sind der Meinung, dass Weiterbildungen die Anzahl erhöhen würde. 2 % sind sich einig, dass betriebliche Kinderbetreuungsprogramme hilfreich wären, 15 % gaben an, dass die Verringerung von Stereotype z. B. in den Medien die Anzahl von Frauen in Führungspersonen erhöhen würde. 10 % gaben andere Gründe an, wie beispielsweise die Veränderung des Frauenbilds der Gesellschaft (siehe Abbildung 17).

Empirische Forschung

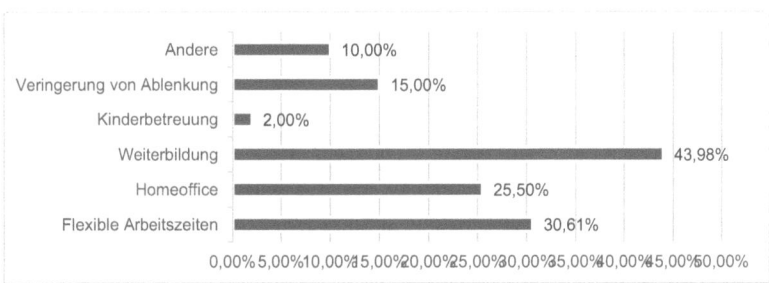

Abbildung 17: Ergebnis Frage 20 Screenshot Umfrage-Online

Die stereotypische Frau ist weich und emotional, der stereotypische Mann ist streng und durchsetzungsfähig. Deshalb sollte untersucht werden, ob die Vorgesetzten weich/emotional oder streng/durchsetzungsfähig sind. Folgende Aussagen wurden bei der vorliegenden Erforschung diesbezüglich getroffen:

- „Mein Vorgesetzter/meine Vorgesetzte ist weich/emotional."
- „Mein Vorgesetzter/meine Vorgesetzte ist streng/durchsetzungsfähig."

Um dies zu erforschen, wurden die einzelnen Ergebnisse analysiert. Dadurch konnte untersucht werden, ob die Vorgesetzten der befragten Personen männlich oder weiblich sind, sodass festgestellt werden kann, ob die stereotypischen und die geschlechtsspezifischen Charaktereigenschaften tatsächlich übereinstimmen. Rund 29 % der befragten Personen gaben an, dass die männlichen Vorgesetzten Personen ihres Unternehmens weich/emotional sind, ca. 71 % entschieden sich dagegen (siehe Abbildung 18).

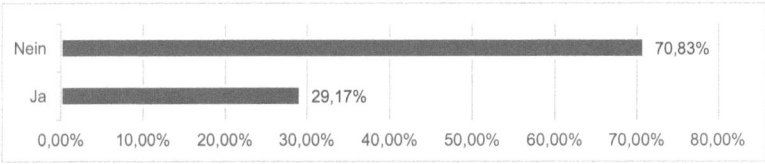

Abbildung 18: Ergebnis Frage 21 Screenshot Umfrage-Online

Rund 65 % gaben an, dass die vorgesetzte Person streng und durchsetzungsfähig ist, ca. 35 % entschieden sich dagegen. 30 % der befragten Personen mit männlichen Führungspersonen gaben an, dass die vorgesetzte Person nicht weich/emotional ist, sondern streng und durchsetzungsfähig. 10 % Personen empfinden ihre männliche vorgesetzte Person als weich/emotional und nicht streng und durchsetzungsfähig (siehe Abbildung 19).

49

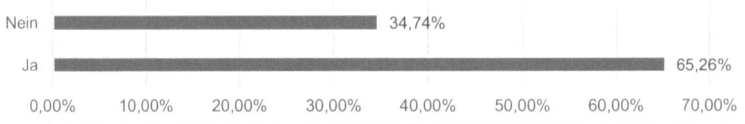

Abbildung 19: Ergebnis Frage 22 Screenshot Umfrage-Online

19 % der befragten Personen haben weibliche direkte Vorgesetzte, davon sind 5 % der Teilnehmer/innen der Meinung, dass diese weich und emotional ist. Die weiteren befragten Personen mit weiblichen Führungspersonen empfinden diese als streng und durchsetzungsfähig. Die Personen mit sowohl männlichen als auch weiblichen Führungspersonen haben die Vorgesetzten Führungspersonen im Durchschnitt alle zugeschriebenen Eigenschaften bewertet. Zusammenzuschließen ist, dass die Mehrheit der weiblichen Vorgesetzten Führungspersonen tatsächlich als weich und emotional eingeschätzt werden und die männlichen Führungspersonen als streng und durchsetzungsfähig. Die Fragen wurden geschlechtsneutral gestellt, sodass die Teilnehmer/innen nicht durch unbewusste Manipulation durch bereits bekannte Stereotype beeinflusst werden können.

Anschließend wurden dennoch die Teilnehmer/innen direkt mit der Frage konfrontiert, ob sie den folgenden geschlechtsspezifischen Stereotype zustimmen: „Frauen sind nett/weich." und „Männer sind strenger/durchsetzungsfähiger." 28 % stimmten dieser Aussage zu und 71 % stimmten dagegen (siehe Abbildung 20).

Um zu prüfen, der Führungsstil von den weiblichen und männlichen Befragten umgesetzt wird oder werden würde, wenn diese sich in einer Führungsposition befinden, wurde erfragt, welche Art von Charaktereigenschaften diese hätten. 42 Frauen und 29 Männer gaben an, sie würden eine Vertrauensbasis zu ihren Mitarbeiter/innen aufnehmen und legen Wert auf die Meinung des Teams. Demnach möchten diese Personen, dass alle Entscheidungen gemeinsam getroffen würden während 10 Frauen und 22 Männer angaben, dass sie den autoritären Führungsstil bevorzugen und respektiert werden möchten. Demnach möchten diese Personen, sich immer durchsetzen wollen. Wissenschaftlern und Psychologen zu Laute führen Frauen mehr transformational und Männer mehr transaktional und hierarchisch. Den Resultaten zur Folge repräsentieren die Ergebnisse der Umfrage ein befürwortendes Ergebnis für diese These.

Dennoch gaben viele Männer an, dass sie die Charaktereigenschaften eines transformationalen Führungsstils umsetzen würden, woraus sich erschließt, dass viele Männer in der Führungsposition Wert auf gemeinsame Entscheidungen legen und eine Vertrauensbasis zu den Mitarbeiter/innen bevorzugen.

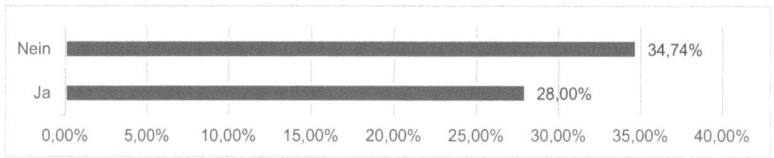

Abbildung 20: Ergebnis Frage 24 Screenshot Umfrage-Online

54 % der befragten Personen gaben an, dass ein Machtverhältnis zwischen ihnen und der Führungsperson in dem Unternehmen besteht. Dabei wurde wieder analysiert, ob die Führungsperson der Teilnehmer/innen männlich oder weiblich ist. 33 Personen gaben an, dass ein Machtverhältnis zwischen ihrer männlichen Führungsperson und den Mitarbeiter/innen herrscht. 8 Personen gaben an, dass ein Machtverhältnis zwischen ihrer weiblichen Führungsperson und den Mitarbeiter/innen herrscht. Weitere 8 Personen gaben an, dass ein Machtverhältnis in Unternehmen herrscht, wo beide Führen, sowohl männliche als auch weibliche Personen. Diese Antworten unterstreichen die Aussagen der Wissenschaftler, die die Meinung vertreten, dass männliche vorgesetzte Personen, den transaktionalen und Autoritären Führungsstil bevorzugen. Demnach wird eine Hierarchie gebildet und in vielen Fällen Macht ausgeübt. Zusammenzuschließen ist, dass der Gendereinfluss von Führungspersonen zu Arbeitnehmer/Arbeitnehmerinnen gegeben ist (siehe Abbildung 21).

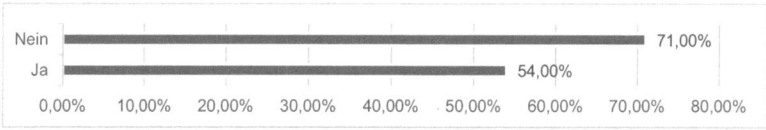

Abbildung 21: Ergebnis Frage 25 Screenshot Umfrage-Online

Weiterhin wurde gefragt, was die befragten Personen an ihrer Tätigkeit motiviert. 69 % gaben an, dass ihnen eine gute Beziehung zu ihrem Team wichtig ist, sodass das Team sich als Organisation gemeinsam weiterentwickeln kann. 66 % gaben an, dass der Respekt und die Anerkennung von ihrem Team sie motiviert. Für 52 % ist das Gehalt der motivierende Faktor, weil Kosten gedeckt werden müssen. 32 % lassen sich durch Belohnungen, Aufstiegsmöglichkeiten und Provisionen motivieren. 36 % mögen es Herausforderungen anzunehmen und ihre Kreativität in Einsatz zu bringen. Die Mehrzahl gab an, dass das zwischenmenschliche Verhältnis innerhalb eines Unternehmens als höchste Priorität gilt. Weiterhin haben sehr viele ihre Prioritäten auf das Entgelt gesetzt. Auch die Herausforderungen und der Einsatz der Kreativität spielen für viele Teilnehmer/innen eine große Rolle. Da die Befragten mehrere Antwortmöglichkeiten hatten, ist es ersichtlich, dass viele sich sowohl vom Gehalt als auch von der Herausforderung und einer guten Teamarbeit motivieren lassen (siehe Abbildung 22).

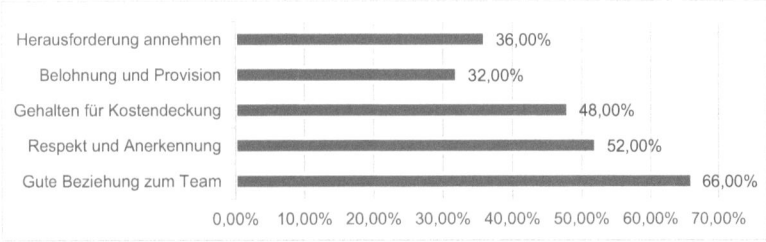

Abbildung 22: Ergebnis Frage 26 Screenshot Umfrage-Online

Mit der vorletzten Frage sollte die Erforschung repräsentieren, warum Menschen, die in einer Organisation arbeiten, wo ein Machtverhältnis herrscht, die Macht an eine andere Person übergibt. 22 % gaben an, dass sie Angst davor haben, benachteiligt zu werden, während es 36 % nur darum geht, ihr Entgelt zu bekommen. 15 % der Befragten ist es egal, was für ein zwischenmenschliches Verhältnis bei der Arbeit herrscht, während 24 % behaupten, viel von der Machtperson lernen zu können und 12 % sogar die Vorgehensweise richtig finden (siehe Abbildung 23).

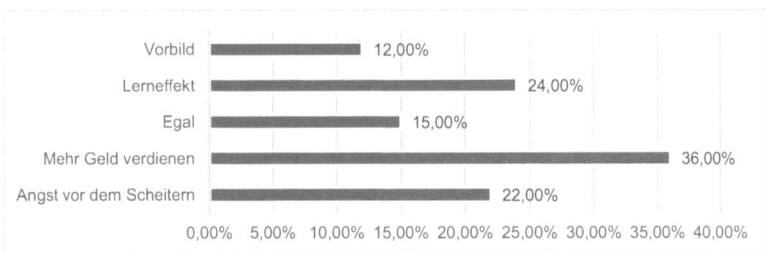

Abbildung 23: Ergebnis Frage 27 Screenshot Umfrage-Online

In der letzten Frage hatten die Teilnehmer/innen die Möglichkeit anzugeben, was sie sich von ihrer Führungsperson wünschen würden. Allgemein gaben viele an, dass sie sich mehr Entscheidungsfreiheit wünschen und gerne eine vorgesetzte Person mit einer Vorbildfunktion hätten, die sich Zeit für ihre Mitarbeiter/innen nimmt und Einfühlvermögen besitzt. Es wurde angegeben, dass Unternehmen weniger hierarchisch sein sollten und Mitarbeiter/innen und Führungspersonen auf Augenhöhe sein sollten. Menschlichkeit, Respekt, Vertrauen Anerkennung und Kommunikation sind ebenfalls angegeben worden.

6 Fazit und Handlungsempfehlung

Was Geschlecht ist und wie jemand ein Mann oder eine Frau wird und lebt, ist nicht biologisch vorbestimmt, es kann nur durch Zustimmungen offenbart werden, die auf aus kulturellen Konstruktionen entstanden sind, die die „richtige" Weiblichkeit und die „richtige" Männlichkeit definieren. Während die biologischen Unterschiede zwischen Männern und Frauen ziemlich einfach sind, können die sozialen und kulturellen Aspekte eines Mannes oder einer Frau kompliziert sein. Das kulturelle Gender ist ein Begriff, der sich auf soziale oder kulturelle Unterschiede bezieht, die damit verbunden sind, männlich oder weiblich zu sein. Obwohl Frauen auch gebildet sind und studieren, sind nur eine geringe Anzahl an Frauen in Führungspositionen zu finden. Zusammenzuschließen ist, dass die Frauen unterrepräsentiert sind, weil die Gesellschaft, Vorurteile gegenüber den Frauen hat, weil sie mit den weiblichen Charaktereigenschaften der Kultur assoziiert werden und sich zum Teil selbst damit identifizieren und dadurch denken, sie müssen sich um die Hausarbeit und Familie kümmern, während der Mann die Ernährerrolle spielt. Obwohl die Frauen laut ihres Stereotyps netter, kommunikativer und emphatischer als Männer sind, werden männliche Führungspersonen bevorzugt. Wenn Frauen dann doch in der Führungsrolle sind, wird von ihnen auf der einen Seite erwartet, dass sie ihre geschlechterspezifische Rolle erfüllt wird, indem sie nett und einfühlsam sind und andererseits sollen sie sich durchsetzen können und kompetent sein.

Geschlechterspezifische Stereotype können die Entwicklung der natürlichen Talente und Kompetenzen von Mädchen und Jungen, Frauen und Männern einschränken. Frauen sind emphatischer und fürsorglicher als Männer, was nicht gleich bedeuten muss, dass sie für die Erwerbstätigkeit nicht geeignet sind und nur für die Sorgearbeit verantwortlich sind. Und nur weil Männer stärker und aggressiver sind als Frauen, bedeutet dies nicht, dass sie der Ernährer der Familie sein müssen. Das sind Funktionen und Merkmale, die von der Gesellschaft erwartet werden und die geschlechtsspezifischen Eigenschaften von Männern und Frauen sind feste Bestandteile der sozialen Struktur, was z. B. auch die Arbeitsteilung nach dem Geschlecht beinhaltet.[97]

Es wird in einigen Fällen bestimmt an der Erzeugung der Kinder liegen, dass Unternehmen lieber Männer in diese Position setzen als die Frauen. Privatwirtschaftliche Unternehmen haben das Ziel, den optimalen Gewinn für sich selbst zu

---

[97] Vgl. Esch, T. [Neurobiologie]: a. a. O., S. 60

erzielen. Um das Verlustrisiko gar nicht erst zu beggnen, entscheidet sich der Arbeitgeber wahrscheinlich von vorne Rein für den Mann. Dem Arbeitgeber ist es untersagt, die potenzielle weibliche Führungsperson zu fragen, bezüglich ihrer nah liegenden bzw. künftigen Vorstellungen im Bezug auf Familie und Kinderwünsche zu stellen. Zum einen könnte dies als ein Vorurteil gedeutet werden, weil die Privatsphäre der Frau damit bewahrt wird, zum anderen kann dies auch zum Nachteil für die Frau werden, weil der Arbeitgeber wahrscheinlich voreingenommen handelt, ohne das Wissen, dass die weibliche Mitarbeiterin gar nicht erst in Betracht zieht, eine Familie zu gründen oder gar bereits eine besteht, aber der Partner oder die Partnerin sich um das Kind kümmert oder kümmern wird. Es ist von Vorteil, Führungskräfte aufgrund ihrer Eigenschaften, die positiv zum Unternehmenserfolg beitragen, zu befördern. Dennoch muss dies unvoreingenommen geschehen, sodass mehr Frauen die Chance haben, aufzusteigen. Eine disziplinierte, qualifizierte Frau kann drei Kinder haben und trotzdem eine Führungsposition besetzen und eine optimale Vereinbarkeit zwischen Beruf und Familie haben. Es könnten Kurse eingeführt werden, die zur Geburt und Elternschaft die Väter stärker miteinbeziehen. Außerdem könnten Männer flexiblere Arbeitszeiten angepasst bekommen, wodurch sie eine Vereinbarkeit von Beruf und Familie haben und sich die Hausarbeit mit der Partnerin teilen können und diese auch arbeiten kann.

Es scheint, als würde sich die Wahrheit vor allem in den Werbekampagnen widerspiegeln. Im Alltag werden heutzutage nur noch wenig Unterschiede zwischen Frauen und Männer Rollen gemacht, dennoch verewigen Medien und Vorbilder, die kulturellen Geschlechterstereotype. Stereotype über Frauen resultieren aus tief verwurzelten Einstellungen, Werten, Normen und Vorurteilen gegenüber Frauen und spielen in der Ungleichberechtigung eine große Rolle. Abschließend lässt sich sagen, dass es keine direkte Strategie gibt, die die Frauenbewegung abrupt verändern kann. Doch in Anbetracht der bereits entwickelten Frauenbewegung, die seit Jahrzehnten stattgegeben ist und sich immer weiter entwickelt, sei es in der Literatur oder in den sozialen Medien, wo Menschen Netzwerke mit einer enormen Reichweite bedienen, die frauenfördernd sind und Frauen dazu animieren, die Frauenbewegung fortzuführen. Frauen werden aufgrund von Stereotype eingeschränkt und in vielen Fällen wird ihnen sogar die Chance genommen. In so einer Situation sollten sich Frauen an Mentoren wenden, die ihnen helfen, eine Strategie zu bilden und ihnen dabei helfen, in so einer Situation zu wachsen bzw. diese zu überwinden und dran zu bleiben und auf neue Chancen aufarbeiten.

In der vorliegenden Arbeit wurde festgestellt, dass flache Hierarchien zum Vorteil für die Entscheidungsumsetzung sind, weil die Mitarbeiter/innen nicht nur ihre eigenen Ziele verfolgen und „Dienst nach Vorschrift" leisten, sondern ihre Kreativität zum Einsatz bringen und Entscheidungen für das Gesamtwohl treffen. Daher sollten Unternehmen flache Hierarchien anwenden und keine Macht durch Hierarchie ausüben und die Mitarbeiter/innen nur durch ihr Entgelt motivieren.

Um den Gendereinfluss des Machtverhältnisses zu klären, sollte bedacht werden, dass es die Eigenschaften und Fähigkeiten der Führungsperson und der Arbeitnehmer/innen sind, die ein zusammenspielendes Team ausmachen und nicht das Geschlecht. Es gibt wie auch aus der Umfrage zu entnehmen ist- sowohl Frauen als auch Männer, die ein Machtverhältnis als Führungsperson ausüben. Laut den Erforschungen der Umfrage sind es dennoch mehr männliche Führungskräfte. Den Männern wird oft ein transaktionaler Führungsstil zugeschrieben, bei dem es klare und strenge Regeln gibt und Autorität herrscht und Mitarbeiter/innen durch persönliche Ziele des Einzelnen motiviert werden. Den Frauen dagegen wird ein transformationaler Führungsstil zugeschrieben, der die Mitarbeiter/innen inspiriert, positive Veränderungen in ihren Erwartungen und der Motivation vorzunehmen und auf gemeinsame Ziele hinzuarbeiten. Viele der Befragten Personen gaben an, dass das Zwischenmenschliche im Unternehmen fehlt, was anhand der Umfrage darauf zurückzuführen ist, dass mehr männliche Personen führen und diese strenger und durchsetzungskräftiger sind, wodurch die Emotionalität nicht unbedingt gegeben ist und vielen fehlt.

Deswegen wird an diesem Punkt vorgeschlagen, dass es in Zukunft vielfältigere Führungsteams geben soll, sodass die stereotypischen Eigenschaften beider Geschlechter innerhalb eines Teams fusionieren und weniger Macht, dafür mehr Effizient und Effektivität erzielt werden können. Unternehmen sollten sowohl männliche als auch weibliche Führungspersonen einstellen, da die stereotypischen Eigenschaften der Geschlechter, wie beispielsweise die Durchsetzungskraft des Mannes und die Empathie der Frau beides gute Eigenschaften sind, die sich gegenseitig ergänzen. Denn besonders die Eigenschaften der Führungsperson werden als Vorbild hervorstechen. Diese Eigenschaften werden den Mitarbeitenden entweder entsprechen oder sie vermeiden diese, wodurch ein Machtverhältnis entsteht. Mitarbeiter/innen sollten offen und ehrlich mit ihren Vorgesetzten sprechen können und Feedbacks über Stärken und Schwächen vermitteln und weder Angst noch Vermeidung spüren sollten. Eine Führungsperson ist menschlich und macht Fehler und sollte Hilfe annehmen statt Machtauszuüben. Eine Angleichung beider

Führungsstile wäre optimal für das Unternehmen. Durch das Zusammenschweißen der ergänzenden Verhaltensweisen der Führungspersonen könnte alle Mitarbeiter/innen sowohl durch Vertrauen in flachen Hierarchien und Herausforderung als auch durch persönliche Ziele motivieren und das gesamte Unternehmen steigern. Das Machtverhältnis hat sich inzwischen anhand der modernisierten Führungsstile und Werte abgeschwächt und wird sich schrittweise mindern so wie Spiral Dynamics darstellt. Damit sich in Zukunft auch ein Gleichgewicht der Geschlechter herstellen lassen kann, müssen bereits geschwächte Stereotype verschwinden denn sie bestehen bis heute noch. Um diese Stereotype zu stoppen, sollten Kinder zunächst ihre natürlichen Fähigkeiten dafür nutzen, die Weltanschauung eigenständig auszuwählen und Dinge betrachten können, ohne von klein auf beeinflusst zu werden und auf Verhaltensweisen aufgrund ihres Geschlechts zu verzichten.

Literaturverzeichnis

Ameln, F. von, Heintel, P.: Macht in Organisationen – Gruppendynamik und Organisationsberatung 2. Auflage, Wiesbaden 2012

Ameln, F.von, Heintel, P.: Macht in Organisationen Denkwerkzeuge für Führung, Beratung und Change Management, Stuttgart 2016

Anne-Sophie, Christine, Jasmin, Sophie M., Viktoria: Die industrielle Revolution – Die Rolle der Frau in der industriellen Revolution. 14.11.2016 unter: https://industrialisierungblog.wordpress.com/2016/11/14/die-rolle-der-frau-in-der-industriellen-revolution/, Aufruf am 04.08.2020

Baird, C., Heller, K., Peluso, M., Townes, L.: Institute for Business Value – Frauen, Führungspositionen und das Paradoxon der Prioritäten unter: https://www.ibm.com/downloads/cas/VGQRDVEY, Aufruf am 19.08.2020

Bass, B. M.: The Bass Handbook of Leadership: Theory, Research, and Managerial, New York 2008

Becker, F: Mitarbeiter/innen wirksam motivieren Mitarbeitermotivation mit der Macht der Psychologie, Berlin 2019

Berger, P.: Praxiswissen Führung Grundlagen – Reflexion – Haltung, Originalausgabe, Berlin 2017

Bischoff, S.: Frauen zwischen Macht und Mann – Männer in der Defensive, Hamburg 1990

Bücker, T.: Edition F – Frauen fördern andere Frauen nicht und wollen gar nicht führen? Diese und weitere Vorurteile über Frauen im Beruf widerlegt eine neue Studie - 5 Mythen über Frauen und Karriere, vom 15.07.2020 unter: https://editionf.com/fuenf-mythen-ueber-frauen-karriere/, Aufruf am 15.08.2020

Conell, W.: Der gemachte Mann, Originalausgabe, Opladen 1999

Dölling, I.: Professionalisierung, Organisation, Geschlecht. Zur Reproduktion von Geschlechterverhältnissen in Prozessen sozialen Wandels, Heidelberg 1997

Eagly, A. H., Carli, L. L.: Im Labyrinth der Karriere. Harvard Business Manager, 28 (12/2007).

Eicker, J.: Gender Glossar – Gender-Pay-Gap, 2017 unter: https://nbn-resolving.org/urn:nbn:de:bsz:15-qucosa-223783, Aufruf am 08.08.2020

Ernst, S.: Geschlechterverhältnisse und Führungspositionen, Westdeutscher Verlag, Opladen 1999

Esch, T.: Der Selbstheilungscode - Die Neurobiologie von Gesundheit und Zufriedenheit, Beltz 2017

Esch, T.: die Neurobiologie des Glücks – wie die positive Psychologie die Medizin verändert, Stuttgart 2017

Franke, M.: Fach- und Führungskräfte - Frauenquote: Männer wollen nicht von Frauen geführt werden unter: https://arbeits-abc.de/maenner-kaempfen-gegen-frauen-in-fuehrungspositionen/, Aufruf am 16.08.2020

Friedel-Howe, H.: Frauen und Führung: Mythen und Fakten, Stuttgart 2003

Grätsch S., Knebel, K.: Berliner Team - Das Spiral Dynamics Wertemodell: Was Menschen wirklich wichtig ist, vom 04.06.2017 unter: https://www.berlinerteam.de/magazin/das-spiral-dynamics-wertemodell-was-menschen-wirklich-wichtig-ist/, Aufruf am 11.09.2020

Hagemann-White, C.: Sozialisation Weiblich-männlich?, Opladen 1984

Henning, D.: Honestly- Transformationale Führung im Unternehmen: Führung mit Freude, vom 08.10.2019 unter: https://www.honestly.de/blog/transformationale-fuehrung-im-unternehmen/, Aufruf am 19.08.2020

Hockling, S.: Zeit Onlne - Chefs brauchen Macht, vom 01.09.2014 unter: https://www.zeit.de/karriere/beruf/2014-08/macht-chef-verantwortung, Aufruf am 21.08.2020

Hofert, S.: Svenja Hofert – Kolumnen zu Karriere, Führung und Entwicklung- Spiral Dynamics und Karriere: Warum Werte uns mehr antreiben als wir denken, vom 17.06.2012 unter: https://karriereblog.svenja-hofert.de/karriereundberuf/sind-sie-noch-grun-oder-schon-gelb-was-spiral-dynamics-mit-beruf-und-karriere-zu-tun-haben/, Aufruf am 13.09.2020

Holzleithner, E.: Recht Macht Geschlecht, Wien 2002

Jäger, R.: Wie Führungskräfte ihre Macht im Unternehmen gebrauchen sollen, unter: http://www.rolandjaeger.de/Artikel/2009/09-04-01-BBl-Betriebsw.%20Bl%C3%A4tter-Wie%20FK%20ihre%20Macht%20im%20Unternehmen%20gebrauchen%20sollen-141.pdf, Aufruf am 12.09.2020

Kindel, C.: GEO WISSEN – Geschlechterforschung. Wie sich Frau und Mann unterscheiden: Verblüffende Erkenntnisse der neuen Forschung unter: https://www.geo.de/wissen/22301-rtkl-geschlechterforschung-wie-sich-frau-und-mann-unterscheiden-verblueffende, letzter Aufruf am 30.07.2020

Lewin, K.: Führungsstile, 2013 unter: http://www.kurt-lewin.de/fuehrungsstile.shtml, Aufruf am 17.08.2020

Lorber, J.: Gender Paradoxien-Reihe Geschlecht und Gesellschaft, 2. Auflage, Wiesbaden 1999

Lorenz, M.: Praxishandbuch Mitarbeiterführung Grundlagen – Führungstechniken – Gesprächsleitfäden U., 3. Auflage, München 2013

Luise: Nordkind – SEXISMUS: DIE 5 SCHLIMMSTEN KLISCHEES IN DER WERBUNG, vom 26.06.2016 unter: https://nordkind.blog/meinung/sexismus-die-5-schlimmsten-klischees-in-der-werbung, Aufruf am 07.08.2020

Martin, A.: Organizational Behavior – Verhalten in Organisationen, 2003 unter: https://www.uni-due.de/apo/Macht, Aufruf am 12. 09.2020

Meyer, H.: Emanzipation von der Männlichkeit – Genetische Dispositionen und gesellschaftliche Stilisierung der Geschlechtsstereotype, Stuttgart 1993

Müller-Lissner, A.: Der Tagesspiegel - Gender - früh gelernte Stereotype, vom 01.02.2017 unter: https://www.tagesspiegel.de/wissen/gender-frueh-gelernte-stereotypen/19319288.html, Aufruf am 05.08.2020

O. V.: Audimax - Haben Frauen einen anderen Führungsstil? unter: https://www.audimax.de/arbeitsleben/gleichberechtigung-im-job/haben-frauen-einen-anderen-fuehrungsstil/, Aufruf am 10.09.2020

O. V.: Bundesagentur für Arbeit - Frauen auf Führungsebene weiterhin unterrepräsentiert - Kein Zuwachs an weiblichen Führungskräften seit 2016, vom 02.12.2019 unter: https://www.arbeitsagentur.de/news/news-frauen-in-fuehrungspositionen-studie-2019, Aufruf am 14.08.2020

O. V.: Bundesministerium für Familie, Senioren, Frauen und Jugend - Gesetz für die gleichberechtigte Teilhabe von Frauen und Männern an Führungspositionen in der Privatwirtschaft und im öffentlichen Dienst, vom 13.09.2017 unter: https://www.bmfsfj.de/bmfsfj/service/gesetze/gesetz-fuer-die-gleichberechtigte-teilhabe-von-frauen-und-maennern-an-fuehrungspositionen-in-der-privatwirtschaft-und-im-oeffentlichen-dienst/119350, letzter Aufruf am 14.08.2020

O. V.: Bundesministerium für Familie, Senioren, Frauen und Jugend - Gesetz für die gleichberechtigte Teilhabe von Frauen und Männern an Führungspositionen in der Privatwirtschaft und im öffentlichen Dienst, vom 13.09.2017 unter: https://www.bmfsfj.de/bmfsfj/service/gesetze/gesetz-fuer-die-gleichberechtigte-teilhabe-von-frauen-und-maennern-an-fuehrungspositionen-in-der-privatwirtschaft-und-im-oeffentlichen-dienst/119350, Aufruf am 15.08.2020

O. V.: Bundeszentrale für politische Bildung – Macht unter: https://www.bpb.de/nachschlagen/lexika/politiklexikon/17812/macht, Aufruf am 21.08.2020

O. V.: Bundeszentrale für politische Bildung – Macht unter: https://www.bpb.de/nachschlagen/lexika/politiklexikon/17812/macht, Aufruf am 21.08.2020

O. V.: Coaching Report – Führungsstile nach Kurt Lewin unter: https://www.coaching-report.de/lexikon/fuehrungsstil.html, Aufruf am 17.08.2020

O. V.: Deutscher Bundestag-Gender Begriff, Historie und Akteure, 22.04.2016, unter: https://www.bundestag.de/resource/blob/425662/d6f1279b77bec6f5770c31b6a4319725/WD-9-025-16-pdf-data.pdf, letzter Aufruf am 28.07.2020

O. V.: Genderkompetenzzentrum – Geschlechterstereotype, vom 05.05.2012 unter: http://www.genderkompetenz.info/genderkompetenz-2003-2010/gender/Stereotype/geschlechterstereotype.html, Aufruf am 07.08.2020

O. V.: Grüne Jugend Hessen – GEZahlt für Steinzeit-Sexismus? – Landesvorstand lehnt starre Rollenbilder in der Werbung ab, vom 27.08.2012 unter: https://www.gjh.de/frog/blog/2012/08/27/gezahlt-fuer-steinzeit-sexismus-landesvorstand-lehnt-starre-rollenbilder-in-der-werbung-ab/, Aufruf am 07.08.2020

O. V.: intercultural journal - Das Tradieren von Genderstereotypen - Sprache und Medien, 2018 unter: https://epub.ub.unimuenchen.de/57250/1/Elsen_Das_Tradieren_von_Genderstereotypen.pdf, letzter Aufruf am 07.08.2020

O. V.: Leadership Experts – Frauen in Führung – Ein Modethema oder notwendige mentale Kehrtwende für nachhaltig erfolgreiche Unternehmensführung?, 15.04.2013 unter: https://www.usp-leadership.com/de/lesbar/2013/04/Frauen-in-Fuehrung, Aufruf am 19.08.2020

O. V.: Leadership lernen – Klassische Führungsstile (Nach Kurt-Lewin) unter: https://leadershiplernen.de/klassische-fuehrungsstile-kurt-lewin/, Aufruf am 18.08.2020

O. V.: Regelschmerzen.de – Der weibliche Zyklus: Was passiert im Körper der Frau? unter: https://www.regelschmerzen.de/menstruation-zyklus/weiblicher-zyklus, Aufruf am 30.07.2020

O. V.: SDI Dach - Spiral Dynamics Integral unter: http://spiraldynamics-integral.de/ueber-sdi/, Aufruf am 10.09.2020

O. V.: Sein. Und Wirken. – Entwicklung für Menschen und Organisationen unter: http://www.sein-und-wirken.de/g/node/197, Aufruf am 13.09.2020

O. V.: Society for Digital & Social Transformation – Wieso Frauen der Generation Y weniger führen wollen als Männer unter: https://18teskamel.de/en/odo-magazin/odo-magazin-artikel/wieso-frauen-der-generation-y-weniger-fuhren-wollen-als-manner/, Aufruf am 16.08.2020

O. V.: Spiral Dynamics – Egozentrische, Ausbeuterische Existenz (rot) „Ich" unter: http://spiraldynamics-integral.de/wertesysteme/rot-3/, Aufruf am 11.09.2020

O. V.: Spiral Dynamics – Werte und Wandel - Absolutistische, moralistische Existenz (Blau) „Wir" unter: https://gerstbach-businessanalyse.com/blog/2013/09/spiral-dynamics-werte-und-wandel/, Aufruf am 11.09.2020

O. V.: Spiral Dynamics – Werte und Wandel unter: https://gerstbach-businessanalyse.com/blog/2013/09/spiral-dynamics-werte-und-wandel/, Aufruf am 10.09.2020

O. V.: Statistisches Bundesamt – Gender Pay Gap unter: https://www.destatis.de/DE/Themen/Arbeit/Arbeitsmarkt/Qualitaet-Arbeit/Dimension-1/gender-pay-gap.html, Aufruf am 08.08.2020

O. V.: Teamentwicklung Lab – 8+ spiral Dynamics Ebenen unter: https://teamentwicklung-lab.de/spiral-dynamics, Aufruf am 10.09.2020

O. V.: Uni Bielefeld – Geschichte der Frauenbewegung im deutschen Kontext, 2017 unter: https://unibielefeld.de/gendertexte/geschichte_der_frauenbewegung.html, Aufruf am 04.08.2020

O. V.: Unterschiede zwischen Mann und Frau unter: http://www.beratung360plus.de/uploads/media/Unterschiede_Mann_Frau.pdf, Aufruf am 30.07.2020

O. V.: WPGS – Intrinsische und extrinsische Motivation unter: https://wpgs.de/fachtexte/motivation/intrinsische-motivation-und-extrinsische-motivation/, Aufruf am 15.09.2020

O. V.: Xing – Warum Frauen nicht Manager werden wollen und die Frauenquote keine Lösung ist, vom 12.12.2017 unter: https://coaches.xing.com/magazin/warum-frauen-nicht-manager-werden-wollen-und-die-frauenquote-keine-loesung-ist, Aufruf am 16.08.2020

O. V.: Zeit Online – Geschlechterdarstellungen in den Medien, vom 28. 01.2019 unter: https://www.zeit.de/gesellschaft/2019-01/geschlechterdarstellung-soziale-medien-frauen-studie, Aufruf vom 08.08.2020

O. V.: Zentrum für Management und Personalberatung - Die großen Mythen über Frauen und Führung – und was wirklich dran ist unter: https://www.zfm-bonn.de/blog/frauen-und-fuehrung-noch-immer-die-ausnahme-teil-2/, Aufruf am 14.08.2020

Oestereich, B.: next u – Evolution menschlicher Organisationsformen – auf dem Weg zu Türkis, vom 18.03.2016 unter: https://next-u.de/2016/evolution-menschlicher-organisationsformen/, Aufruf am 10.09.2020

Rockstroh, B., Rockstroh, S.: Bundesagentur für Arbeit – Gender Pay Gap, 31.01.2020 unter: https://www.arbeitsagentur.de/vor-ort/freiburg/pi-20-09, Aufruf am 08.08.2020

Rosenstiel, L. v., Regnet, E., Domsch, M.: Führung von Mitarbeitern: Handbuch Für Erfolgreiches Personalmanagement., 7. Auflage, Stuttgart 2014

Rosenstiel, L. v., Regnet, E., Domsch, M.: Führung von Mitarbeitern, 6. Auflage, Stuttgart 2009

Scheider, K., Schmalt, H.: Motivation, 3. Auflage, Köln 2000

Scholl, W.: Artop – Institut an der Humboldt Universität Berlin, vom 25.02.2014 unter: https://www.artop.de/fuehrung-und-macht-warum-einfluss-nahme-erfolgreicher-ist/, Aufruf am 21.08.2020

Stobl, I.: Planet Wissen – Deutsche Geschichte - Frauenbewegung, unter: https://www.planetwissen.de/geschichte/deutsche_geschichte/frauen-bewegung_der_kampf_fuer_gleichberechtigung/index.html#Erfolge, Aufruf am 04.08.2020

Tonn, J.: Frauen in Führungspositionen – Ursachen der Unterrepräsentanz weiblicher Führungskräfte in Unternehmen, Wiesbaden 2016

Volmerg, B.: Nach allen Regeln der Kunst – Macht und Geschlecht. In: Weber, Max: Wirtschaft und Gesellschaft: Grundriß der verstehenden Soziologie, 5. Auflage, Tübingen 1956/1972, S. 28

Weber, M.: Wirtschaft und Gesellschaft: Grundriß der verstehenden Soziologie, 5. Auflage, Tübingen 1956/1972

Wittenberg, E., Wrohlich, K.: Deutsches Institut für Wirtschaftsforschung: DIW-Wochenbericht - Aufbrechen von Stereotypen kann Gender Pay Gap reduzieren, 01.03.2020 unter: https://www.diw.de/de/diw_01.c.741840.de/publikationen/wochenberichte/2020_10_5/aufbrechen_von_stereotypen_kann_gender_pay_gap_reduzieren__interview.html, Aufruf am 09.08.2020

Wunderer, R.: Führung und Zusammenarbeit – eine unternehmerische Führungslehre 9. Neu bearbeitete Auflage, Luchterhand 2009

Zinke, G.: Bundeszentrale für politische Bildung - Geschlechterungleichheiten: Gender Pay Gap, vom 11.08.2020 unter: https://www.bpb.de/politik/innenpolitik/arbeitsmarktpolitik/187830/gender-pay-gap, Aufruf am 09.08.2020